JN438526

자연 속에 아주 작은 나

자연 속에 아주 작은 나

甘露 김미옥

수필과비평사

책을 내면서

한걸음 걸을 때마다 남긴 내 발자국.

기쁨도 있었고 슬픔 또한 있었네. 깔깔대는 웃음 속에 담긴 행복도 눈비에 씻겨 내리고 바람에 흩날려 연기처럼 사라져버린 지나온 내 발자국들….

뒤돌아보니 발자국은 흔적도 없이 보이지 않을 줄 알았는데 내가 목숨 바쳐 지키고 싶어 했었던 소중한 내 가족들 행복한 추억들이 그곳에서 즐거운 꿈속처럼 남아 내 입가에 미소를 머금게 하네.

푸른 하늘에 하얀 구름은 내 마음 따라 그려지다가 눈 깜짝할 새 사라져 버렸다.

앞을 보니 저 멀리 꽃길은 열려있고 홀가분한 마음 내딛는 발자국 가볍기도 하다.

한겨울로 들어서는 동지에 매화는 벌써 꽃망울이 맺혔다.

앞으로 매서운 추위와 한파를 이겨내고 따뜻한 봄날에 환한 꽃을 피우겠지. 자연은 해마다 어김없이 찾아오는 계절에 맞게 자신의 임무를 충실하게 준비한다. 지금 이순간이 내가 누릴 수 있는 가장 큰 기쁨이요 혜택이다. 열매가 떨어져 싹이 나고 또 나무가 되듯이 자연 속에 아주 작은 나는 자연의 순리대로 흘러갈 뿐이다.

2021년 4월

甘露 김미옥

차례

어머니의 순례길

어머니가 돌아가시고 유품을 정리하던 중 많은 사진들 중에 작은 사진 한 장이 눈에 들어왔다. 회색 옷차림에 목에 수건을 걸치고 땀에 절어 있었지만 얼굴에는 환희에 찬 표정으로 만세를 부르고 있었다. 사진을 들여다보니 어머니의 기쁨이 나에게로 전해지며 가슴 한구석에서 어머니가 느꼈던 감정을 경험하고 싶었다. 그곳이 설악산에 있는 봉정암이다. 봉정암은 백담사에 부속암자로 오대五大 적멸보궁에 속한다. 신라 선덕여왕 때 자장율사가 중국 당나라에서 가지고 온 부처님의 진신사리가 모셔져 있는 곳이다. 불교인들의 순례성지로 유명하고 기도를 하면 소원이 이루어진다는 소문에 해마다 사철 내내 방문객이 많기로 유명하다. 적멸보궁은 부처님의 사리가 있는 곳을 보고 기도하므로 대웅전에는 부처님이 모셔있지 않다. 우리나라에는 강원도 오대산에 상원사, 태백산에 정암사, 사자산에 법흥사, 설악산에 봉정암 경남 양산통도사에 있다. 적멸寂滅은 해탈과 마찬가지로 번뇌 망상 없이 지극히 고요하고 청정한 경지라고 하며 적멸보궁은 그곳에 부처님을 모시고 있다는 말이다. 불교신자인 큰언니는 어머니를 모시고 전국 유명한 사찰은 거의 다녀왔다. 내가 봉정암을 가고 싶다고 하니까 마침 조계사에서 봉정암에 갈 사람을 모집한다고 했다. 큰언니도 같이 가겠다고 해서 남편과 함께 등록을 했다. 워낙 길이 멀고 험난해서 건강해야 하고 또 나이 많은 사람은 갈 수 없다고 한다. 언니는 봉정암을 벌써 두 번을 다녀왔다고 했다. 이번이 세 번째로 세 번을 가면 바라는 소원이 꼭 이루어진단다. 가 본 경험이 있는 언니는 오이를 썰어서 비닐봉지에 담고 염장한 매실과 청심환까지 준비해 오셨다. 버스 두 대로 나누어 타고 새벽에 일행은 봉정암으로 향했다. 오월이라 녹색의 향연이 펼쳐지고 들꽃들이 활짝 웃으며 손을 흔든다. 버스를 타고 가는 중에 절에서 준비해온 도시락으로 아침을 먹고 백담사주차장에 와서 버스에서 내렸다. 백담사를 지나 영시암에서 점심을 먹었다. 사람은 많고 영시암에 있는 화장실은 재래식으로 냄새가 너무 지독했다. 화장실 가려면 방독마스크를 써야 할 정도다. 긴 줄을 서고 나서야 점심을 먹고 봉정암으로 향했다. 방부목으로 길도 만들고 철제로 계단도 만들었지만 오르락내리락 걸어가기는 참으로 멀고 힘들다. 가는 길 내내 설악산의 비경이 눈길을 사로잡는다. 높이 솟아 있는 바위며 수정같이 맑은 물이며 끝도 없이 잠이라도 자고 싶은 너럭바위며 우거진 숲과 기운차게 내려오는 시원한 폭포의 하얀 물방울들이 눈발처럼 흩어진다. 혼자 보기는 아까울 정도다. 작년 장마에 떠내려왔을 고사목들과 부서진 다리는 얼기설기 아무렇게 버려두고 산봉우리에서 쏜살같이 내려오는 물들이 얇은 비단자락을 풀어놓은 것처럼 굽이굽이 바위를 돌아온다. 가는 길이 멀고 힘들어도 어디서나 볼 수 없는 비경이 위안이 되었다. 초록색 단풍나무는 잎이 큰 것부터 작은 것까지 내가 봐도 여러 종류의 단풍나무가 어우러져 있다. 아마도 가을이면 굉장한 아름다움으로 우리들에게 황홀함을 안겨줄 것이다. 중간에 뒤처진 분들이 생기고 몸이 불편해서 힘들어 보이는 분들도 일행들을 따라가려고 땀을 흘린다. 다리를 건너고 숨이 턱까지 차오르고 내려오는 사람을 붙들고 얼마나 더 가야 하는지 물어본다. 언니는 가지고 온 오이와 매실을 건네준다. 오이는 갈증을 해소시키고 신맛이 나는 매실은 입이 마르지 않게 하는데 언니는 산속에 매실이 자랄 것이라며 매실씨를 묻어주기까지 한다. 차로도 갈 수 없고 자전거로도 살 수 없고 편하게 갈 수 있는 길이 없다. 오로지 두 발로만 갈 수 있는 길이 봉정암 가는 길이다. 중간중간 비취색의 물들이 커다란 웅덩이를 만들어 놓고 그 속에는 작년가을에 떨어진 낙엽이 쌓여 있어 반은 갈색이고 반은 옥색이다. 어머니도 이런 풍경을 감탄하면서 가벼운 걸음으로 가셨을 것이라는 마음이 들었다. 언니는 나보다 나이가 많아서 그런지 많이 힘들어 했다. 숲속에 귀여운 다람쥐들이 바위 위에 서서 두 손으로 과자를 먹고 있다. 먹을 것을 주는 사람들에게 길들여 있는지 사람들이 지나가면 조르르 다가온다. 드디어 깔딱고개가 나왔다. 어머니가 깔딱고개를 올라가서 찍은 사진을 봐서 고개를 올라가면 나도 어머니처럼 해냈다는 그런 감정을 느낄 수 있을지 기대가 된다. 깔딱고개 일명 해탈고개라고 이름 붙여질 정도로 올라가는 바위산이 가파르고 힘들다. 언니와 남편과 내가 서로 밀어주고 잡아주고 겨우겨우 바위산을 올라왔다. 너무 힘이 들어서 어머니가 만세를 외쳤던 그 자리에 와서도 나는 지쳐 있었다. 우리 일행이 오기 전에 전국에서 기도하러 오신 불교신자들이 벌써 절을 가득 채웠다. 여기저기 사람들로 붐빈다. 해마다 오시는 분도 있고 합격이나 당선을 빌러 오신 분들이 많은지 누구는 여기 와서 기도하고 합격했다는 여자들의 소리도 살짝 들린다. 세수를 하고 언니와 함께 사리탑으로 향했다. 사리탑은 신라 선덕여왕 때 자장율사가 중국 당나라에서 가지고 온 부처님진신사리와 금란가사를 봉안해서 탑을 세웠다고 한다. 기단석 없이 암반 위에 5층 석탑이다. 방석을 깔고 자리를 잡은 사람들이 여럿 보이고 염주를 돌리고 절을 하는 사람들도 많았다. 나는 소원지를 앞에 놓고 절을 했다. 어머니도 이곳에서 자식들을 위해서 기도를 하셨을 것이다. 대웅전에서 저녁기도가 있다고 방송을 한다. 언니와 남편, 나까지 법당으로 갔는데 사람들로 발 디딜 틈도 없다. 공양미를 사서 올리고 스님의 독경 소리에 맞추어서 염불을 따라 한다.

앞사람에 부딪쳐서 엎드려서 절을 할 수가 없다. 스님도 절을 하기에는 사람이 많다고 생각되었는지 그냥 서서 반절을 하라고 한다. 저녁공양을 하기 위해 긴 줄을 섰다. 공양간에 공양주들이 바쁜 손놀림으로 빠르게 밥을 담는다. 한쪽 벽에 오관게五觀偈가 걸려있다. 오관게는 불교에서 공양할 때 외우는 다섯 구의 게송이다. "이 음식은 어디서 왔을까 나의 덕행德行으로는 받기 부끄럽네. 마음속에 갖은 욕심을 버리고 건강을 유지하는 약으로 알아 도업을 이루고자 이 음식을 먹습니다." 밥과 미역국 오이지를 배급받아 앉을 만한 장소를 찾아 먹었다. 숙소를 배정받았지만 사람이 많아 누울 장소도 마땅찮다. 창밖을 보니 사리탑 앞에서 밤 세워 철야 기도하는 사람들이 많다. 대부분 여자들이다. 부모나 남편이나 자식이나 누구를 위해서 저런 간절한 기도를 할까? 어머니도 철야기도를 하셨을까? 다음날 일찍 새벽에 법당에서 기도를 했다. 많은 사람들 속에서 비좁은 틈을 내서 108배를 겨우 할 수 있었다. 큰언니는 가족들 소원과 함께 오지 못한 작은언니 이름으로 헌금을 복전에 넣었고 나는 내 가족들이 소원성취하고 건강하라고 복을 빌었다. 봉정암에 솟아오르는 약수 물도 효험이 있다는 말에 딸에게 주려고 작은 물병에 담았다. 자식에게 줄 염주도 사고 기념으로 사리탑과 천진석가여래상의 작은 사진도 사서 봉정암을 내려왔다. 한번 오기도 이렇게 힘이 드는데 두 번은 꿈도 못 꾸겠다. 왔던 길을 다시 되돌아가면서 어머니가 가셨던 길 위에서 어머니를 생각했다. 일찍 남편을 여의고 어린 자식들을 위해서 갖은 고생을 마다하지 않으신 어머니, 자나 깨나 자식 걱정이고 자식을 위해서 애쓰신 어머니를 가슴에 담았다. 마침 백담사에서 백중 천도재 올릴 분들을 접수받고 있었다. 나는 어머니 이름을 올렸고 언니는 고모까지 올렸다. 백담사에는 예전에 잘못을 저질러서 백담사에 왔던 전두환 대통령 부부가 머물었던 전각이 있었는데 일반인도 볼 수 있게 개방해서 들여다보았다. 작은방이다. 넓은 청와대에서 살다가 이런 곳에서 어떻게 살았을까? 많이 불편했겠다 싶기도 하고 또 인생무상이라는 마음도 있지 않았을까 싶다. 푸른 하늘을 올려다보니 구름 한 점 없고 오월의 찬란한 태양이 눈부시다.

웃음이 주는 힘

이곳은 오일장이다. 장날마다 생선을 사고 채소도 산다. 8년째 나는 같은 사람에게 물건을 사는데 그 이유는 사람이 친절하고 항상 웃으며 사람 마음을 편하게 한다는 점이다. 생선가게도 여러 곳에 있지만 첫 번째 아주머니는 어떤 여자 손님이 다른 곳은 싼데 왜 여기는 비싸냐고 좀 싸게 달라고 하면 다른 데 가서 사라고 당신한테는 안 판다며 좌판을 치면서 고함을 지르는 것을 본 후에는 되도록 가지 않고 그리고 두 번째 아주머니는 무슨 사정이 있는지 웃는 모습을 본 적이 없다. 내가 잘 가는 곳은 세 번째다. 부부가 같이 장사를 하는데 내가 가면 반가운 사람을 맞이하는 그런 행동으로 나를 반긴다. 돈 보고 주는 것 아니라면서 덤으로도 듬뿍 주기까지 한다. 다른 사람들이 생선을 손질해 가는데 나는 주는 대로 가지고 가고 또 더 달라고 떼도 쓰지도 않아서 그런가. 착각인지 모르지만 나에게 특별대우를 해주는 것이라고 생각도 해본다. 집에 가서 생선 손질하면 좀 귀찮기는 하지만 그 대신 밖에 보내는 시간은 줄어들고 또 생선 손질하는 아주머니도 도울 겸 마음이 편해서 좋다. 방송에서 중국에 한 교사가 힘없이 복도를 걸어오다가 교실 문 앞에서 혼자서 웃는 연습을 하더니 교실 문을 씩씩하게 열고 들어간다. 큰소리로 웃으며 오늘 하루도 즐겁고 신나게 공부를 하자고 하면서 즐겁고 신나는 수업을 끝내고 교실로 나온다. 이 장면은 복도에 있는 몰래카메라에 찍힌 영상인데 학생들에게 희망과 용기를 주기 위해서 그랬다고 했다. 선생님들이 이렇게 제자들을 위해서 노력하고 있다니 참으로 감동할 일이다. 연속극을 볼 때 주인공이 슬프면 나도 따라서 슬프고 주인공이 웃으면 나도 모르게 웃고 있다. 사람 마음은 따라쟁인가? 왜 주위에 그대로 물이 드는 것일까? 본래사람들 마음속에는 즐거운 색보다 슬픈 색이 배나 많다고 한다. 그래서 슬픈 것에 더 빨리 심취되고 슬픈 노래도 더 많이 부른다고 했다. 내가 좋아하는 가수가 있는데 눈 꼬리는 반달이고 입은 벌어져 있어 볼 때마다 항상 웃고 있다. 그러다 보니 많은 사람들이 다 좋아한다. 이 가수는 예술 고등학교에 입학했을 때 남학생은 자신을 포함해서 3명이었고 여학생은 50명이었다고 한다. 이쪽을 돌아봐도 여학생과 눈이 마주쳤고 저쪽을 돌아봐도 여학생과 눈이 마주쳐서 어디를 봐야 될지 몰라 그냥 마주치면 "허" 하고 웃을 수밖에 없었단다. 그러다 보니 자신도 모르게 얼굴 표정이 웃는 모양으로 고정되어 버렸다고 했다. 우리들은 그런 줄도 모르고 저 사람은 맨날 웃고 있어서 마음씨도 착하고 좋을 것이라 생각했고 실제로도 참 좋은 사람이다. 직장을 다니는 어떤 아가씨가 있었는데 친구도 없고 회사 내에서도 친하게 지내는 사람이 없었다. 그래서 우울하고 스트레스가 심해서 위장병으로 병원에 입원을 하게 되었다. 병원생활 3개월 동안 회사 동료나 친구도 한 사람도 오지 않았다. 그래서 왜 사람들은 나를 싫어할까? 그러다가 어느 날 거울을 보게 되었다고 한다. 거울 속에 자기 모습은 자신이 봐도 재수가 없어 보였다. 정나미가 떨어질 정도였고 우울하고 불행해 보이는 얼굴은 자신도 가까이 하고 싶지 않아서 다른 사람들이 왜 자기를 멀리했는지 깨달았단다. 그때부터 거울을 보고 웃는 모습을 밤낮으로 연습했다고 한다. 거짓웃음과 실제 웃음은 뇌에 미치는 영향은 같다는 연구결과가 있다. 마음은 거짓 없이 얼굴에 반영되므로 아가씨는 마음까지 밝게 가지고 웃는 얼굴로 회사를 갔더니 회사 사람들이 다 놀라고 반기더라고 했다. 모나리자의 미소나 또 부처님의 미소가 마음에 평화를 주는 것처럼 웃음은 나에게도 상대에게도 끌어당기는 원동력이다. 찌푸린 얼굴 우울한 마음 어둠을 걷어내고 조금씩 밝은 웃음으로 내 자신에게 힘을 주었으면 좋겠다.

황토방 난방공사

처음 황토방을 만들고 얼마나 감사했는지 모른다. 집을 짓고 난 다음 나무들이 많이 남아서 그것으로 황토방 아궁이에 20분 정도 불을 때고 나면 방이 절절 끓는다고 할 정도로 뜨거웠다. 한겨울에 너무 따뜻해서 황토방을 만들어주신 사장님께 매일 감사기도를 드릴 정도였다. 그런데 몇 년이 지나니 불길도 아궁이로 들어가지 않고 연기를 빨아내는 환풍기에도 연기가 나오지 않아 황토방을 만들어주신 사장님께 말씀 드렸더니 방구들을 다시 놔야 한다는 것이다. 세상에나! 방을 다시 뜯어내고 다시 구들을 놔야 하다니 그러면 구들이라는 것이 몇 년 가지 못하고 계속 막히고 뜯고 해야 하는 것이 사람이 할 짓인가 싶다. 인터넷도 찾아보고 물어보고 했는데 처음부터 구들을 잘못 놓았다는 것이고 어차피 나중에는 그을음으로 막혀서 뚫어야 한단다. 서양에도 굴뚝 청소하는 사람이 있고 난로

통도 청소를 하는데 결론은 구들을 없애고 난방을 만들어 버리는 것이다. 우리 산이 가까워서 나무도 많아 온돌을 생각 했었는데 우리가 너무 감성적이었나? 그래서 남편은 보일러 하시는 분들께 의견과 비용이 얼마나 들지 물었다. 몇 사람이 오셨는데 모두 황토방 장판을 걷고 높이를 재 본다. 높이가 7cm이상이면 난방호스를 깔아도 방문이 닫힐 수 있지만 미만이면 호스 깔고 시멘트 마감하면 높이가 높아서 문을 닫을 수 없단다. 그래도 할 수 있다는 사람이 있고 5cm밖에 안 되는 높이에 모두 아쉬워한다. 쉽게 할 수 있는데 힘들게 생겼다고 괜히 방바닥 높이에 원망을 하는 것 같았다. 어떤 분은 공사현장을 오면서 고급차에 양복까지 차려입고 집을 둘러보더니 200만 원을 내라고 한다. 그러면서 요즘 구들 들어내고 석분을 채우고 하려면 누가 이런 힘든 일을 하겠느냐고 했다. 아마도 우리 집을 보고 잘사는 집인 것 같아 가격을 따지지 않고 할 것이라 생각했나 보다. 그리고 80만 원에 해주겠다고 하신 분이 세 분인데 그중 한 사람에게 부탁했더니 차일피일 계속 미룬다. 그만큼 힘든 일인가? 그래서 다른 한 분 고성에서 보일러 하시는 사장님께 부탁했더니 내일 바로 하자면서 다음날 인부 한 사람과 같이 와서 공사를 시작한다. 혼자서는 들기도 힘든 현무암으로 된 무거운 구들을 다 들어내었다. 왜 방이 따뜻하지 않은지 또 불도 들어가지 않고 연기까지 나가지 않는지 구들 속을 들여다보니 그을음이 불길이 나가는 통로를 다 메워서 연기조차 빠져나갈 수 없게 되어있었다. 골에다 석분을 다 채워야 하는데 사장님은 석분까지 사가지고 왔다. 인부는 구들장부터 석분까지 무거운 짐을 끙끙대며 다 나른다. 남편은 내가 저 사람 하는 일을 한다면 골병이 들어 벌써 죽었을 것이라고 말했다. 내가 봐도 너무 힘들어 보이고 돈을 받으면 약값이 더 들어갈 것 같았다. 보일러 사장님이 구들을 들어내지 않고 난방을 하면 더운 기운이 아래 구들장 밑 공간으로 내려가서 방이 따뜻하지 않았을 것이라 했다. 만일에 7cm 높이가 되어서 구들을 들어내지 않고 바닥에 배관을 바로 깔았다면 어떻게 되었을까? 이분처럼 정식으로 해주지 않고 편법을 써서 쉽게 하고 그냥 가버리면 난방을 하고도 따뜻하지 않은 이유를 몰랐을 것이고 또 원인을 알았다고 해서 다시 구들을 놓기는 힘들고 원망만 했을 것이다. 다행히 양심 바른 사장님을 만나 제대로 난방을 하게 되어 고맙다. 석분으로 골을 다 메운 후 단열재를 펴서 그 위에 호스를 잘 깔아 위에 미장을 했다. 황토방에 들어오는 스위치도 따로 만들어 보일러를 켰더니 방이 따끈따끈할 정도다. 그동안 연기에 눈이 매워 눈물을 흘리면서 불을 땠어도 불길이 닿는 부분은 방바닥이 타고 가장자리는 불길이 오지 않아 차가웠는데 방 전체가 골고루 따뜻하니 보일러를 설치 해주신 사장님께 몇 번이나 고마움을 표했다. 오늘 하루 무사히 지나고 저녁때 스위치만 올리면 따뜻한 황토방에서 잠을 잔다는 것 생각만 해도 참으로 행복하다.

할머니는 그곳에 계신다

내가 시집을 왔을 때 집에서 10분 거리 산속에 시할머니가 발견했다는 약샘이 있었다. 1929년도 4월 10일날 발견했다고 작은아버지가 알려주셨다. 내가 태어나기도 전 따져보면 90년이 넘었다. 어른들 말에 따르면 할머니는 17세에 시집와서 젊은 나이에 혼자되었고 남편도 없는데 시어머니까지 중병에 걸려서 할머니는 매일같이 하늘에 시어머니 쾌유를 빌었단다.

그러던 중에 잠깐 낮잠에 시할머니가 꿈에 나타나 선몽을 하셨는데 산위에 올라가 어느 지점에 약수가 나오니까 너의 시어머니께 드리면 병이 나을 것이라 했단다. 꿈이 너무 생생하여 머슴 두 사람을 데리고 시할머니가 말한 곳으로 올라갔는데 그해는 너무 가물어서 산속인데도 땅을 파는데 흙먼지가 날렸다고 한다. 얼마를 팠는데 정말 바위 속에서 약수가 솟았다고 했다. 약수를 마시고 시어머니 병은 씻은 듯이 나았고 소문을 듣고 온 마을사람부터 나중에는 인근마을까지 사람들이 왔다고 했다.

그 당시는 무명옷 아니면 삼베옷이라 하얀 옷을 입은 사람들이 매일같이 약수를 얻어가려고 몰려와서 동네사람들 말을 빌리면 산이 다 흰옷 입은 사람들로 하얗게 되었다고 했다. 서로 물을 먼저 가지고 가려고 싸움도 일어나서 나중에는 줄을 서게 했다고 한다. 얼마나 소문이 났으면 조선 총독부에서 수질검사까지 했다고 하니 그 당시는 정말 대단했단다. 그때 물을 가지고 가면서 놓고 간 일본돈 동전이 아직도 작은 바구니에 한 가득이다. 할머니가 약샘을 발견하고 돌아가실 때까지 40년 동안 하루도 빠짐없이 새벽에 밥 한공기와 나물한 접시를 들고 약샘에서 기도를 올렸다고 했다.

기도 내용은 한결같이 손자들이 남의 눈에 꽃이 되고 잎이 되어서 사랑받고 잘되기를 빈다는 것이다. 할머니가 돌아가시고 기도는 시어머니가 뒤를 이어셨다. 시부모님도 돌아가셨고 시골집은 아무도 살지 않아 약샘에 기도도 중단되었다. 서울에 살면서도 약샘을 잊지 못했다. 그대로 버려두는 것이 죄를 짓는 기분이었다. 남편은 약샘 발견하고 60년 되는 해에 약샘의 회갑을 열었다. 대리석을 쌓아 흙이나 이물질이 들어가지 않도록 만들고 그 위에 할머니 사진과 약샘의 내력을 동판에 새겨 부착시켜 약샘의 회갑을 연다고 마을에 방송까지 해서 참석하실 분들은 오시라고 전했다. 물론 친지들도 다 모였고 내 친정에도 오빠 식구들까지 오셨다. 음식도 차려놓고 할머니의 업적을 기리는 축문도 읽고 제법 성대하게 회갑잔치를 했다. 그 뒤로 일 년에 성묘와 시제 때 두 번 정도 시골에 내려오게 되면 약샘부터 인사를 하게 되는데 지금은 포장길을 만들어 편하지만 그 당시는 약샘 올라가는 길이 산길에다 계곡을 지나는 곳이 험난하여 물에 신발이 젖을 때도 있고 나무나 풀들로 올라가는 것조차 힘들었다. 마을에서도 약샘을 알고 있는 사람들은 이제 나이가 들어 돌아가신 분들이 많다. 그래도 할머니나 어머니를 아시는 분들은 약샘을 찾아와 물도 마시고 또 병이 낫기를 기도한다. 내가 시골로 집을 짓고 내려오고 나서는 옛날 할머니나 어머니가 했던 기도를 이어받아 꾸준히 하고 있다. 매일같이 새벽에 가서 깨끗이 청소하고 할머니가 했던 것처럼 자식들의 건강과 소원성취를 기도한다. 남편이 심었던 작은 단풍나무는 몇 년 사이 많이 커서 올려다본다.

여름에는 초록으로 아기자기한 모습으로 손을 흔들다가 가을에는 빨간 날개옷을 입은 선녀가 춤을 추고 있는 모습으로 보는 사람 마음을 황홀하게 만든다. 자식들도 시골집에 내려오면 할머니 약샘을 먼저 찾아 인사하고 기도한다. 동네 사는 사람들도 마땅한 구경거리도 없고 갈 곳이 없는지 약샘을 수시로 찾아온다. 할머니는 우리들이 하는 일들을 다 알아서 기도하면 해결해 주시는 해결사이기도 하다. 우리가 집을 지을 때도 어려움 없이 잘 지을 수 있게 해주시고 필요하다 싶으면 또 채워주시고 원하는 것이 있으면 이루게 해주시고 일을 할 때는 나쁜 사람은 배제하고 좋은 사람을 연결해주시고 할머니는 그곳에 계시면서 우리를 돌봐주시는 우리들의 수호신이다.

꽃밭을 만들다

아침에 일어나 마루에 난 큰 창으로 밖을 보면 동쪽에서 떠오른 태양이 건너편 산봉우리부터 밝은 빛을 가득 안고 서서히 들판으로 퍼져나가는 것을 지켜본다.

산을 휘감은 산안개는 하늘거리는 비단 같고 백로들이 떼를 지어 날아가는 모습까지 내가 지금 천국에 와 있는지 착각할 정도다.

계절에 따라 풍경도 변화를 주며 그려내는 그림은 나에게 하루하루가 새로운 날이다. 집을 짓고 나서 8년이 지난 후에 드디어 미술관을 지을 준비를 했다.

본래 주차장 옆 땅에다 미술관을 지으려고 남편이 집 지을 때 수도, 전기, 하수관까지 같이 묻어 두었다.

미술관을 짓게 되면 수도와 전기 하수관까지 힘들이지 않고 사용할 수 있겠다는 생각이었는데 어느 날 지금은 고인이 된 내 사촌 동생이 집터를 봐주겠다면서 잘 아는 스님과 두 사람을 데리고 왔다. 그중에 풍수를 하는 사람이 있어서 같이 왔다. 스님을 산 위쪽에 있는 약샘까지 모시고 가서 물도 한잔씩 마시고 돌아왔다. 그런데 풍수를 한다는 사람은 따라오지 않고 집을 둘러보고 약샘에서 한참을 있다가 왔다. 그리고 하는 말이 어젯밤에 꿈에서 어느 할머니를 만났는데 약샘에 새겨진 사진과 같은 사람이라고 했다. 할머니 말씀이 미술관 지을 자리를 주차장 옆에 하지 말라고 했단다. 자신이 기맥을 살펴보니 지금 미술관을 지을 장소는 사람의 오른쪽 팔뚝에 해당하는 자리라 무거우면 부러진다고 하면서 여지껏 공이 허사가 된다고 했다. 이분에게 주차장 옆에다 미술관을 짓겠다고 하지도 않았는데 어찌 알고 이런 말을 할까? 주차장 옆에는 땅도 넓고 집 앞이라 가기도 쉬워서 남편은 미술관 지을 땅으로 점찍어 두고 있었다. 처음 본 사람이 꿈에 할머니를 봤고 또 그런 말을 일러주는 것이 나는 할머니가 미리 화근을 막아 주려고 이 사람을 보냈다는 마음이 들었다. 사실 집을 지을 때도 지금과 같이 한마디씩 하고 가는 말들을 무심히 듣지 않고 조상님께서 잘되게 도와주시는 것으로 받아들여서 반듯한 집을 지었다고 생각한다. 그런 말을 듣고 미술관을 지을 수 없었다. 여지껏 했던 것이 허사가 된다는 말은 모든 것을 잃는다는 말이기도 하다.

나는 미술관 하려는 땅에다 꽃밭을 만들기로 했다. 이왕이면 제대로 만들어 보고자 포크레인까지 동원했고 식물이 잘 자라는 마사토까지 덤퍼트럭으로 세 차나 받았다. 큰 돌로 원을 만들고 아래 밭과 경계에는 축대도 쌓아 공사를 크게 벌였다. 중앙에는 태극문양도 만들어 중심에는 친척이 보내준 동백나무를 심었다. 그리고 우리나라 국화도 있어야 한다고 무궁화도 두 그루 심고 제법 그럴듯하게 꽃밭을 만들었다. 꽃을 좋아하는 나는 특별한 꽃밭을 만들어 모든 사람들이 좋아하는 꽃들을 많이 심어 기쁘게 해주고 싶었다. 꽃밭을 만들고 나서 꽃나무와 꽃씨를 시장에 갈 때마다 조금씩 사다 심었다. 뒤쪽 벽에는 넝쿨장미를 4그루 심고 백합, 수국, 함박꽃, 튤립, 수선화, 국화 등 봄에 시장을 가면 봄꽃을 사서 심고 여름에 시장가면 또 여름 꽃을 사다 심고 가을에 가면 가을꽃을 사다 심어서 봄꽃이 지고 나면 여름 꽃이 피어 정원은 겨울만 빼고 꽃들이 계속 피어났다. 또 국화는 씨로도 번지지만 국화 한 포기 심으면 한포기 옆에 수십 개의 싹이 올라와 나중에는 국화 무더기가 된다. 맨드라미나 마가렛 같은 꽃들은 시들고 나면 베어 버리는데 떨어진 씨로 인해서 다음해는 정원에 빈틈도 없게 꽃이 난다. 꽃을 보는 것은 좋으나 나는 대로 내버려 두었다가는 너무 무질서해서 내 손길이 안 갈 수 없다. 줄장미도 가지들이 너무 많이 나서 지지대를 세우고 가지를 묶어두고 또 잘라주고 해서 병풍처럼 만들었다. 5월에는 장미가 여왕이라더니 빨간 장미가 눈이 부실 지경이다. 이제는 꽃들도 세계적이다. 외국에서 들여와 우리나라에 토착해서 사는 꽃들도 많고 점점 아열대 기후로 바뀌는 우리나라에 맞게 꽃들의 종류도 다양하다. 꽃밭을 만들고 다양한 꽃을 심으면서 나도 모르게 즐거워서 절로 콧노래가 나온다. 꽃밭에 꽃들은 마음까지 따뜻하고 정답다. 특별하고 아름다운 꽃밭으로 만들어서 많은 사람들이 꽃을 보고 마음에 위안을 받았으면 좋겠다.

지나친 욕심

미술관 자리를 점지해 달라고 약샘할머니에게 기도하고 오다가 집 뒤쪽 옛 집터를 살펴보는데 정말 안성맞춤 자리가 눈에 들어왔다. 남편도 마음에 들어서 몇 번 인사를 나눈 적이 있는 포클레인 김 기사를 불러 장소를 보여주고 미술관 규모를 설명하면서 터를 닦고 수로관 놓는 데 얼마나 걸리고 또 돈이 얼마 들 것인지 견적을 내어 보라고 했는데 공사는 10일은 걸리고 돌이 귀해서 축대 쌓는 돌은 일주일 걸린다고 한다. 그래도 아는 사람이라 시간이 걸려도 좋다고 하면서 견적서를 받았는데 남편이 놀란다. 인부는 3명이 필요하고 식사제공과 자동차 기름값까지 견적서에 넣었다. 천오백 오십만 원인데 남편이 50만원은 깎아서 해줄 수 있느냐고 했다. 그래서 천오백으로 결정하고 계약서에 사인까지 하고 돌아갔다. 조금 있다가 전화가 왔는데 안 받기로 한 오십만 원을 다 내야

공사를 하겠다고 한다. 다른데 알아보지도 않고 달라는 대로 해주었는데 어이가 없다. 한 입에 두 말하는 사람이라 마음이 내키지 않았다. 그래서 예전에 우리 집 공사를 했던 포클레인 최 기사에게 현재사정을 말했더니 금방 집으로 달려왔고 장소를 둘러보고 일주일 걸리고 돌만 있으면 바로 착수하겠단다. 무엇보다 금액이 천백만 원이다. 그래서 토목공사 하는 박 사장에게 연락했더니 어제 축대공사를 시작했는데 현장에서 좋은 돌이 많이 있다고 가지고 가라고 한다. 돌이 귀해서 돌을 서로 달라고 하는데 때 맞춰 연락을 주었느냐고 남편보고 돌 복이 많은 사람이라고 했단다. 돌이 있다는 소식을 들은 최 기사는 현장으로 달려갔고 정말 보기에도 입이 떡 벌어질 만한 큰 돌을 동네 어귀에 실어 놓았다. 동네 골목이 큰 돌을 실은 15톤 차량이 들어오면 길이 망가진다고 해서 동네 들어올 때는 2톤짜리 트럭으로 옮겨 왔다. 미술관 지을 곳 아래 밭에 큰 돌을 쌓아놓으니 마음이 뿌듯하다. 사실 골목길이 무너질까 돌 가지고 올 일에 많이 걱정했었는데 2톤 트럭으로 오니 안심이다. 그날부터 최기사는 인부 한 사람과 같이 미술관 뒤쪽으로 길이가 2m나 되는 수로관을 32개나 놓았다. 미술관이 들어설 땅 앞으로 큰 바위 같은 조경석을 모양있게 쌓아갔다. 한창 일을 하고 있는데 어떤 차가 와서 공사현장을 한참을 살펴보고 간다. 얼핏 스쳐가는 모습을 보니 처음 공사를 맡으려고 했던 김 기사다. 김 기사가 제시한 10일을 최 기사는 일주일 만에 끝냈다. 최 기사가 금액을 줄일 수 있었던 것은 날짜를 줄이기 위해서 일을 열심히 했다는 것이다. 내가 생각해도 자신이 가지고 있는 포클레인으로 일하는데 기술만 있으면 하루에 60만 원이고 일주일에 400만 원이 넘는다. 거기다 돌 실어 나르는 사람 잡부들 노임까지 따지면 여러 가지 이득이 생길 터 괜한 욕심을 부렸다고 후회를 할까? 억울해서 가슴을 치겠지. 집이 잘 지어졌고 돈도 있는 것 같고 도시에서 와서 돈을 부풀려도 자신에게 부탁할 줄 알았는데 딴 사람이 할 줄 몰랐을 것이다. 가끔 사람들은 엉뚱한 욕심을 부려 손해를 보는 경우가 많다. 나는 이것도 조상님이 좋은 사람을 보내 주시지 않았나 생각한다.

농업경영관리 허가증

처음에 농가 창고를 짓겠다고 건축 설계사무소에 갔더니 농민원부와 농업경영관리허가증이 있어야 한단다. 서울에서 살다 와서 논과 밭이 있었지만 작은 밭을 텃밭으로만 사용하고 있었는데 허가증을 받으려면 농사를 제대로 지어야겠다고 마음먹었다. 조건은 마을에 있는 사람에게 내가 농사를 짓고 있는 것을 증명해 주는 두 사람과 마을이장의 사인이 있어야 하고 농사를 300평 이상 지어야 한다고 했다. 그래서 세 사람의 사인부터 받아놓고 밭을 갈아보기로 했다. 오래된 밭은 돌보지 않아서 칡이 베 짜듯이 촘촘히 밭 전체를 덮고 있고 또 쑥과 토끼풀까지 많아 엄두가 나지 않았다. 괭이와 삽으로 땅을 파 보았으나 돌들이 너무 많고 칡까지 뽑으려니 진도도 나가지 않고 농사일을 해 보지 않아 너무 힘들다. 남편이 보다 못해 친척 아저씨에게 밭갈이를 부탁했더니 트랙트를 가지고 오셔서 한 번에 갈아 주신다. 큰 돌이 많아 트랙터 고장 난다고 아무도 엄두를 내지 않았는데 많은 돌을 탓하지 않고 200평 되는 밭을 정성스럽게 갈아주셨다. 너무 고마워서 돈 봉투를 드렸는데 우리끼리 돈 받을 처지가 되느냐고 내가 해주고 싶어 하는 거란다. 우리를 도와주고 싶어 하는 진정한 마음이 가슴에 와 닿는다. 그렇게 펴져있던 칡들이 이리저리 뿌리들이 드러난 채 흩어져 있는 것을 보니 잘됐다 싶다. 이제는 내가 땅을 못 쓰게 하는 칡들을 뿌리 채 파헤쳐서 없애버리겠다고 마음먹는다. 마음은 얼른 밭을 만들고 싶었으나 밭둑 하나 만드는데 돌들이 너무 많이 나온다. 호미로 땅 한 번 파면 돌은 5개 정도 나오니 밭이 아니라 돌과의 전쟁이다. 그리고 잘 다듬으면 좋은 밭이 되겠다고 생각했는데 산에 맞닿은 부분은 물기가 많아 신발이 빠질 정도로 진흙이 잔뜩 묻는다. 무엇을 심어도 물이 많아 자라기 힘들겠다 싶다. 그래도 일단 밭을 만들기로 마음먹었으니 돌들은 주워 한곳에 모아두었다. 돌무더기가 쌀 한 가마니정도로 쌓였다. 나는 일이 많거나 어렵다 생각이 들면 양사언의 시조를 가끔 외운다. "태산이 높다 하되 하늘 아래 뫼이로다. 오르고 또 오르면 못 오를 리 없건마는 사람이 제 아니 오르고 뫼만 높다 하더라." 이 시조는 사람을 차분하고 끈기 있게 만든다. 이왕 밭을 만들려면 대충 할 수 없어 다음날까지 돌을 파내고 골을 타서 비닐을 덮었다. 바람이 덮어 놓은 비닐을 자꾸만 날려버리는 바람에 돌로 눌러놓고 흙으로 덮고 해서 겨우 밭고랑 일곱 개를 만들었다. 이미 시작을 했으니 시장에서 마늘 두 접을 사서 마늘을 심었다. 농업관리경영에서 작물을 심어야 허가가 나온다고 했기 때문이다. 물기가 너무 많은 쪽은 심지 않고 마른 땅에만 심었다. 3일 동안 밭 만드는 일에 힘을 쏟아 부었더니 체중이 2kg이나 빠졌다. 너무 힘들어 지쳤지만 그래도 혼자서 해놓은 밭이 대견하고 흐뭇하다. 200평 밭에는 마늘이 심겨져 있고 또 한 밭에는 고추와 들깨가 심어져 있다. 또 다른 밭에도 작물을 심어야 해서 마침 가을배추를 심을 때라 배추모종을 200포기나 사서 열심히 심었다. 무우씨도 뿌리고 쪽파도 심고 양파까지 다 심고 나니 허리와 무릎이 다 아프다. 허가를 받으려고 빈 땅이 없을 정도로 여기저기 심어놓았다. 농산물 품질 관리원에서 나오신 여성 두 분이 꼼꼼하게 측정을 한다. 300평이 되는지 밭을 평수대로 다 사용하는지 살펴보고 심기가 어려운 곳에는 호박 같은 것을 심으라고 권한다. 고추와 들깨를 보고 여직원들은 그런대로 농사를 잘 짓고 있다고 생각하는 것 같았다. 드디어 국립 농산물 품질관리원에서 남편휴대폰에 문자로 농업경영체에 등록이 되었다고 연락이 왔다. 일한 보람이 느껴진다. 농민원부는 농사짓는 땅이 있어 남편의 이름이 진작 올려져 있었고 농업관리허가증까지 준비되어 있으니 창고 짓는 데 아무런 문제가 없을 것이라 생각하고 가까운 건축설계사무소로 갔다. 그런데 이곳에서는 농민원부만 있으면 창고를 지을 수 있다고 한다. 전에 설계사무소에서는 왜 농업경영관리허가증까지 있어야 한다고 했을까? 알아 보니 군청에서도 농민원부만 있어도 된다고 한다. 농민원부만 있어도 창고를 지을 수 있었다면 빨리 공사를 착공했을 것이고 밭을 만든다고 그렇게 고생하지도 않았을 것이다. 한편 이런 기회가 아니었다면 내가 밭을 만들었을까? 오히려 잘됐다 싶다. 농업경영관리허가는 앞으로 농사를 짓는 데 필요할 것이고 나도 농사를 제대로 지어볼 것이다. 건축설계사무소에서 창고 설계도면이 나왔다고 연락이 왔다. 어떤 모습으로 지어질지 벌써부터 마음이 설렌다.

전무님을 만나다.

언덕 위 옛날 집터에 미술관 지을 장소는 마련했는데 수도 전기와 정화조를 어떻게 해야 할지 걱정이다. 그래서 남편은 처음 집을 지을 때 미술관 짓겠다고 배관을 묻어준 사장님께 의견을 물었더니 언덕을 파서 미술관 지을 땅하고 연결하면 전에 묻어두었던 수도와 하수관을 다 사용할 수 있다고 일깨워 주셨다. 걱정이 다 해결된 느낌이다. 생각도 못하고 엉뚱한 곳에 새로 전기 수도 정화조를 만들 생각을 했는데 사장님이 알려 주신대로 연결하면 한결 수월하다. 이렇게 한 사람 한 사람이 와서 지혜를 일러주니 모두 다 조상님의 힘이라 믿는다. 미술관 터를 닦아놓고 보니 넓고 평평하고 뒷산을 배경으로 멀리 앞산이며 마을 전체를 한눈에 다 보이는 정말 멋진 곳이다. 남편이 수맥봉을 써보니 미술관 지을 곳에는 수맥이 흐르지 않고 미술관 밖으로는 수맥이 흘렀다. 조금 옆 아래로 옛날에 마을사람들이 식수로 사용하던 샘이 있는데 사시사철 물이 마르지 않고 풍부하게 물이 있어 아마도 그곳으로 흐르는 수맥이 미술관 지을 땅 옆으로 흐르는 것 같았다. 남편과 나는 집을 지을 때 사용했던 것처럼 긴 대나무로 사巳좌坐에 해亥 향向으로 패철을 놓고 미술관 앉을 모양으로 대나무를 놓아 보았다. 집과 같은 방향으로 있어야 안정감도 있고 보기도 좋기 때문이다. 허 사장님은 공사를 맡아 아주 열심이다. 하수관공사까지는 잘했는데 본 공사에서는 노임을 아끼려고 일꾼을 한 분 더 써야 하는 데도 억지로 하다가 화장실 들어갈 부분 같은 곳은 다시 공사를 할 정도로 하자가 생겼다. 레미콘 차는 혼합 시멘트를 붓고 미장은 느리고 남편은 이쪽저쪽 혼자서 감독하느라 정신이 없다. 남의 일을 맡아서 하시는 분 중에는 내일처럼 열심히 하시는 분도 있고 주인이 안 볼 때는 꼼꼼하게 하지 않고 허술하고 수월하게 하고 겉모양만 매끈하게 하는 분도 있어 남편은 일하시는 분보다 더 바쁘고 힘이 든다. 입은 옷은 흙이나 시멘트가 더 많이 묻어있고 손이 못 미칠 때는 일도 하고 혼자서 감독을 하려니 감당이 안 됐다. 또 다시 공사를 해야 할 곳들이 생겨났다. 다음 공사할 때 그때 보충하기로 하고 허사장님이 소개해준 진주에 있는 철강회사에 들러 전무님께 재료값 견적을 받는데 남편은 내가 쓴 책 《조상님이 지으신 작은 궁전》을 보시라고 드렸었다. 나는 집을 지으면서 기록으로 남기고자 쓴 책인데 보는 이마다 감동을 받았다고 고맙게 말씀해 주셨다. 남편과 같이 철강회사에 들러 미술관을 지으려고 하는데 예술품과 유품을 전시할 장소로 좀 품격이 있게 설계를 부탁하려고 찾아갔다. 전무님이 우리를 보더니 먼저 반긴다. 자신이 30년 동안 책을 끝까지 읽어보기는 처음이라고 했다. 출판기념회도 많이 가보고 책 선물을 많이 받고 또 자신이 종손에 장남인데 책을 보니까 남편이 조상에게 잘하는 것이 자신은 발바닥에도 못 미친다고 했다. 정말 감동 받았다면서 뭔가 도와야 한다는 책임감이 들었다고 했다. 사람은 옷을 잘 입어야 남이 인정을 해주고 차도 좋은 차를 타야 어디서든 대우를 받는다고 하면서 자기가 처음에 해준 회색에 오렌지색 지붕은 농가 어디서나 흔하게 볼 수 있어 고급스럽지 않다고 했다. 책을 읽고 생각을 바꾸었다면서 다른 샘플을 보여주었다. 아직 까지 자신이 이렇게 고민하고 관심 같고 해주기는 처음이란다. 남편이 공사할 업자를 소개해 달라고 하니 업체가 6000개나 되지만 정말로 소개해 주고 싶은 사람은 5명에 불과하단다. '노 가다'가 가다는 품격인데 노라는 것이 붙어 품격이 없는 사람이라 이름 그대로 일을 하기에 적합한 사람이 없다는 것이다. 기준은 첫 번째 결혼을 해서 가정이 있어야 돈을 가정에 가지고 가지 결혼을 안 한 사람은 술을 먹거나 도박을 해서 돈도 탕진하고 약속도 안 지킨다고 했다. 그리고 두 번째는 정직해야 하는데 마구잡이로 금액을 부르는 사람은 나중에 딴소리로 또 돈을 요구하거나 억지를 부린다고 했다. 마지막에 자신이 "을"인 사람을 써야 한다고 했다. 인부들이 주인이 시키는 대로 하지 않고 자신의 주장을 고집부리는 사람이라고 했다. 주인이 문을 다른 곳에 달아 달라고 하면 고민도 하고 생각해서 좋은 쪽으로 해결을 해야 하는데 처음 달아 달라고 했던 곳에 막무가내로 다는 사람 역시 자격이 없다고 했다. 사람 속을 알 수 없으니 성실한 사람은 겪어 봐야 하지 않겠나 하면서 사람 쓰는 것 참 어렵다고 했다. 아직 일도 끝나지 않았는데 자꾸만 돈을 요구하는 사람 역시 배제되어야 하고 전화를 했을 때 받지 않는 사람 또 자기 멋대로 약속 지키지 않는 사람 등 참으로 많은 이야기를 해주셨다. 색이 너무 화려하면 햇볕에 바래기 쉽다면서 징크회색 벽에 징크 자주색 지붕이 결혼할 때 혼주들이 입는 치마저고리 색이라고 보여주신다. 내가 보기에도 참으로 품위 있고 고상하다. 색을 고르고 집으로 돌아오는 길에 지어 놓은 창고들을 보니 대부분 회색에 오렌지색 지붕이다. 전무님이 골라준 징크회색과 자주색 지붕은 없었다. 마음 써주시는 전무님을 만나서 뭔가 특별한 미술관이 될 것 같아 기분이 좋다.

미술관을 지으면서…

공사하는 내내 두 달 동안 비도 오지 않고 폭염에다 열대야까지, 낮에는 40도까지 오르는 지역도 있어 이렇게 더워서 어떻게 사느냐고 했는데 10월 달이 되자 마자 일하기 딱 좋은 날씨다. 미술관 짓기 전에 전기설치도 허가를 받아야 하므로 고성에 있는 전기회사에 연락을 드렸더니 사장님이 나오셨다. 그래서 계약을 하고 가시는 길에 전봇대를 세우게 신청을 해놓고 가겠다고 했다. 미술관으로 연결하자면 전봇대를 세워야 할 곳이 우리 땅이 아니고 남의 밭이어서 남편은 주인에게 부탁을 했더니 밭주인은 밭에 지장도 없고 끝자락에 전봇대 하나쯤은 괜찮다며 허락을 해주었다. 밭주인은 부산에 살면서 이곳에 있는 집과 밭을 아는 사람에게 관리를 부탁했었는데 전봇대를 세우는 날 밭주인의 관리인이 왜 허락도 없이 남의 땅에 전봇대를 세우느냐고 소리소리 지른다. 자기가 주인처럼 당장 그만두라고 절대로 내 허락 없이는 세우지 못한다고 하니 전신주를 세우던 한전 직원들이 어리둥절하며 남편을 쳐다 본다. 남편은 이미 주인의 승낙을 받아 공사가 시작된 것이라 관리인에게 주인한테 허락을 받았으니 전화를 해보라고 하자 그때서야 왜 나한태는 말을 안 했지 하면서 머쓱해 하며 가버렸다. 아마도 우리에게 주인행세를 하고 싶었나 보다. 전봇대가 높이 세워졌고 기사분 세 명이 전선줄을 미술관 짓고 나면 연결할 수 있게 해 주고 가셨다. 미술관 공사를 해 주실 분은 판넬 회사에서 소개해준 사람이다. 여러 사람에게 견적을 내고 살펴보았지만 남편이 보기에는 김사장이 성실하게 보였고 가격과 자신감이 마음에 들어서 미술관 지을 분으로 정했다. 그리고 철강회사 전무님께 이런 사람과 일하게 되었고 물건을 차질 없게 보내 달라고 했는데 한참 만에 남편 휴대폰에 "호사다마라 했습니다만 마는 없이 좋은 일만 있길 빕니다." 라는 문자가 왔다. 너무 뜻밖의 문자에 남편도 나도 기분이 좋지 않았다. 호사다마라는 용어가 처음은 좋지만 나중에 나쁘다는 말에 마음이 무겁고 실력이 없는 분인가 앞에 일한 허 사장 같은 사람인가 하는 불안감도 있었다. 한편으로는 판넬회사에서 실력자라고 소개를 받았는데 그럴 리가 없을 거라 생각하면서 전무님께 전화를 했다. 일하시는 분이 어떤 사람이냐고 했더니 A급은 아니라고 한다. 그래서 남편은 일은 할 수 있지 않겠느냐고 했더니 그렇다고 했다. 사람들은 여러 가지로 잘하는 부분이 다 다르다. 계산만 따지는 사람, 일만 잘하는 사람, 말만 많은 사람, 신용이 없는 사람, 다 다를 수가 있지만 남편은 이분들이 일을 잘할 것 같다고 믿어 보기로 했다. 일을 맡아 하시는 김 사장은 말이 없고 같이 오신 두 분 역시 말이 없다. 서로 힘든 일을 자신이 하려고 몸을 아끼지 않고 열심이다. 처음 허 사장이 기초공사를 잘못한 바람에 김 사장이 골조를 올리면서 아래가 바로 되지 않아 벽돌로 받침대로 만들어야 했다. 어쩔 수 없다. 다시 이중 공사를 해야 하지만 사람이 실력보다 인정에 이끌리면 실패하는 것을 새삼 알게 해준다. 김 사장은 철로 된 지붕까지 용접을 다해서 골조를 높이 올리는 데는 크레인이 와서 올려야 하는데 비탈길이라 받쳐주는 곳이 없다며 크레인이 돌아가 버리자 리프트를 빌려와서 세 사람이 힘을 합쳐 지붕을 올렸다. 골조만 세웠는데도 참으로 웅장하고 멋있다. 이렇게 열심인 사람들인데 왜 A급이 아닐까? 편견이 아닐까? 어쨌든 우리 일을 맡은 사람에게 잘해주고 싶다. 쑥떡을 팬에 구워서 잣까지 뿌리고 약초로 만든 물에 얼음까지 띄우며 정성을 다했다. 내일부터 태풍이 와서 비바람이 며칠 온다고 했다. 모든 일이 비가 그칠 때까지 중단을 해야 하는 상황이다. 25호 태풍 콩레이는 비가 너무 많이 왔다. 비 오는 날에는 일도 할 수 없으니 미술관 문을 맞추려고 전무님을 찾아갔다. 반갑게 맞아주시는 전무님은 남편이 촬영한 골조를 보더니 골조에 칠을 안 했다고 지적을 한다. 비가 와서 녹이 빨갛게 되었을 것이라 하는데 김 사장이 말을 안 해서 남편 역시 몰랐다. 칠을 해야겠지만 남편은 왜 A급이 아닌지 말하는 것 같다고 했다. 남편이 현관문을 보이자 전무님은 방화문 회사에 전화를 걸어 일일이 가격을 알아 보더니 남편보고 이곳은 가격도 비싸고 모두 따로따로 계산을 해서 복잡하고 시간도 걸린다며 진주문짝으로 가서 골라보라며 약도와 전화번호까지 적어주셨다. 약도대로 진주문짝을 찾아갔더니 맘에 드는 문은 비싸고 그중에서 골라서 다시 전무님께 보였더니 못마땅하다는 얼굴로 말한다. 회색 벽에 흰색이나 회색 문이 어울린다고 생각하느냐고 자기는 색에 대해서 잘 모르지만 도면을 꺼내 보이며 지붕과 현관지붕이 적색인데 문까지 맞추어야 멋이 있지 않겠느냐며 자신이 아무리 연구해도 회색이나 흰색문은 아니라면서 문이라는 표시도 나지 않고 무의미하다고 했다. 우리는 또 다시 진주문짝으로 가서 적색계통의 문을 선택하고 다시 전무님께 가서 보고를 했더니 두 손가락으로 "탁" 하고 소리나게 치더니 매우 만족한 얼굴이다. 전무님이 저렇게까지 미술관에 관심을 주시고 신경을 써 주셔서 조상님이 보내신 분인가 보다. 다른 집 공사현장에 가보면 재료가 남아있고 심지어는 업자들이 남은 재료를 몽땅 가지고 가는 것을 본 적이 있는데 우리 집은 재료가 남지 않고 꼭 맞게 보내주시고 견적 빼는 것도 며칠이 걸렸다고 했다. 참으로 고마우신 분이다. 태풍은 처음에는 많은 비가 300ml나 왔고 나중에는 바람이 풍속30 정도로 거세게 불었다. 창문으로 보니 큰 밤나무들이 이리저리 휘청거린다. 태풍이 빠른 속도로 동해

안을 빠져나갔다는 뉴스와 같이 맑은 하늘과 장렬한 태양이 한여름처럼 볕이 따갑다. 전무님은 남편보고 공사가 얼마나 진전이 있느냐며 사진을 찍어 보내라고 한다. 사진을 본 전무님은 김 사장을 불러 지시를 했다는 것이다. 용접까지 한 기둥은 떼어내 천장에 설치하고 세워진 기둥에는 녹스는 것을 방지하기 위해 페인트를 칠하라고 했단다. 김 사장은 자신이 실수한 공사를 복구한다고 하루를 보냈다. 아마도 이런 공사기법은 처음이지 않았나 싶다. 오늘 철강회사에서 건축자재가 들어오는 날이다. 아침 7시 넘어서 마을 입구에 트럭 세 대가 건축자재를 가득 싣고 오고 있다는 연락이 왔다. 기다리고 있던 김 사장과 일하는 사람들이 트럭에 있던 자재들을 큰 크레인으로 들어 올리고 오전에 자재를 현장으로 다 옮겼다. 전무님이 혹시라도 자재운임을 우리가 더 줄까 봐 계산서를 만들어 금액을 쓰고 이것만 주라고 쓰여 있다. 전무님이 그렇게 해주지 않았으면 달라는 대로 더 주었을 것이다. 물건이 다 들어오고 이제 일할 사람만 남아서 맡은 일을 열심히 한다. 크레인이 온 김에 그동안 힘에 부쳐 들지도 못한 현무암 구들장과 돌로 만든 절구통까지 크레인으로 옮겼다. 사람들이 들기도 힘든 것이라 이 기회를 이용하려고 남편은 땀을 뻘뻘 흘리며 크레인이 들기 좋게 돌들을 옮기고 결국 원하는 위치에 놓았다. 사람이 들 수 없는 물건들을 기회가 닿았을 때 기계의 힘을 빌렸으니 남편으로는 걱정했던 것이 해결되어 몹시 흘가분한지 기분 좋게 웃는다. 김 사장은 여섯 명의

직원들과 같이 지붕과 현관문만 제외하고 미술관을 다 지었다. 진회색 벽에 자주색 지붕으로 우아한 느낌이다. 색이라는 것이 가치를 높여주기도 하고 낮아지게도 하는데 미술관은 보기에도 고급스럽다. 오늘이 5일만인데 대부분의 큰 공사는 끝났다. 부수적인 일은 건축자재가 들어와야 하므로 며칠 기다렸다. 그런데 지붕에서 내려오는 물 받침대가 일자로 내려오다가 아래로 와서는 기역자로 꺾였다. 내 생각에 저렇게 물이 많이 내려왔을 경우 잘 내려올까? 그랬는데 전무님이 공사가 잘되었는지 궁금해서 남편에게 사진을 찍어 보여 달라고 해서 남편이 미술관 전체를 휴대폰으로 찍어 보냈더니 물 받침대를 직선으로 내려오도록 고치라고 했다. 그대로 둘 경우 나중에 물소리도 요란하지만 물이 역류한다고 했다. 전무님은 어떻게 이런 부분까지 다 알고 계시는지 감탄할 일이다. 또 창문 하나가 잘 열리지 않는다고 하자 처음부터 창틀을 끼우고 유리창을 끼워서 맞추고 난 다음에 벽을 설치해야 하는데 그렇지 못할 경우 어쩔 수 없다는 것이다. 건물을 지을 때 직영을 하면 제일 저렴하게 지을 수 있다고 했는데 남편은 돈을 아끼려고 직영을 했다. 그러다 보면 꼭 실수가 나고 하자가 나기 마련이다. 그래서 남편이 하는 말은 이제 생각해보니까 직영을 하려면 그 부분에는 다 알아야 잘못된 부분을 지적해서 고칠 수 있는데 자신이 다 알지 못했다는 것이 아쉽다고 했다. 어떤 분이 집을 제대로 지으려면 3번은 지어봐야 한다고 했는데 생각만 가지고는 실수가 나올 수밖에 없다.

김 사장은 전무님 말을 전하자 곧바로 물 받침대를 바로 흘러내리게 만들었고 나머지 자재도 서둘러서 차에 싣고 왔다. 성실하고 부지런한 사람이라 미술관은 이제 그의 마무리다. 요즘 새참 메뉴가 늘었다. 떡에다 감에다 삶은 밤, 따뜻한 차까지 밤은 삶아서 껍질을 까고 떡은 쪄서 잣을 얹어 주니 잘 드신다. 그리고 전무님이 그 집에서 원하는 것이 있으면 다 해주라고 하셨단다. 참으로 고마운 전무님이다. 덕분에 남은 자재로 선반도 만들었다. 김 사장은 말없이 참으로 열심이다. 실력보다 사람이 성실하고 친절하고 뭐라도 주고 싶은 사람이다. 이번 경험으로서 A급으로 올라갔으면 좋겠다. 전기공사 사장님이 직원 한 분과 같이 미술관에 전기를 설치해 주셨다. 전봇대부터 미술관 안으로 해서 곳곳에 등과 스위치를 달아주셨고 누전기도 설치해 주셨다. 계량기도 미술관 밖에 벽에다 보기 좋게 만들어 주셨다. 내가 보기에는 전기공사라는 것이 아무리 전문직이라고 하나 김 사장처럼 높은 건물을 위험을 감수하고 짓는 시간이 오래 걸렸는데 전기공사는 한나절에 끝났다. 그리고 돈은 미술관 전체 짓는 값에 반이다. 공사를 잘 마무리 해주셔서 고마워서 새참이라도 정성을 다해서 대접을 했는데 마지막으로 계산서를 내어 놓는데 30만 원이 더 많다. 처음 계약할 때 자신의 손으로 서명을 받아놓은 것이 있어 남편이 명함을 보이자 그때서야 착각을 했다는 것이다. 아마도 자신이 꼼꼼히 챙겨 잘 해주었으니 더 받아도 될 것이라 생각했는지 모른다. 너무 열심히 해서 밥값이라도 더 달라고 했으면 흔쾌히 해 주었을 것이다. 전기사장님은 요즘 같이 일거리도 없고 또 관공서일도 서로 아는 사람만 해서 아주 힘들다면서 미안하다고 했다. 가끔 사람들은 순간만 생각하고 자신의 자존심을 망각할 때가 있나보다. 미술관에 들어가 전기스위치를 올려본다. 내부가 환하게 밝다. 앞으로 어떤 작품을 걸고 어떻게 꾸밀지 생각해본다. 벌써부터 마음이 부풀어 오른다.

작품을 걸다

미술관은 외형은 다 지었지만 내부공사는 남아있다. 화장실 바닥에 타일을 붙이는 날이라 남편은 진주 건축재료 판매회사에 가서 타일을 사왔다. 재료는 남편이 사고 일을 기술자가 하는데 기술자가 일하다 말고 타일이 모자란다고 말한다. 재료상에서 평수를 말하고 타일을 샀는데 아마도 착오가 있었나 보다. 타일을 사왔는데 이번에는 백시멘트를 잘 못 사왔다고 한다. 그래서 진주를 두 번이나 왔다 갔다 했다. 현장에서 일하시는 분과 물건을 파는 사람의 차이다. 타일을 다 바르고 나니 화장실이 깨끗하고 보기가 좋다. 3일 정도 바닥을 말린 다음 황토방 난방을 해주셨던 고성에 사시는 배관 사장님이 오셔서 싱크대와 세면대 그리고 변기까지 다 달아주셨다. 겨울이라 더운 물이 필요하겠다고 순환온수기를 달아 주셨는데 30kl다. 물이 차면 45kl정도의 무게라니 판넬의 얇은 양철

판이 견디기는 무리인 것 같다. 보기에도 무겁고 곧 떨어질 것 같아 보일러 사장님에게 전화를 했더니 불쾌한 어조로 떼어주겠다고 한다. 남편은 사장님이 생각해 주셔서 큰 것을 달아주신 줄 알지만 불안해서 그렇다고 했더니 다른 집에도 다 큰 것을 단다고 괜찮다고 한다. 그러면 사장님이 괜찮다는 보증을 해주시겠다고 약속을 해달라고 했더니 못해 주겠다며 온수기를 떼어내는데 매달려 있던 못이 벌써 떨어진다. 그냥 두었으면 다음에 큰 사고로 이어질 뻔했다. 그래도 남편은 여지껏 황토방 보일러도 잘해주시고 화장실 공사도 잘해주셔서 다른 곳에 부탁하기 싫다며 좋은 인연 깨지 말자고 사장님이 작은 것으로 달아 달라고 부탁했다. 사람 마음을 좋게 만들어야 서로 기분이 좋고 사람을 대할 때는 서로의 배려심이 있어야 한다는 생각이다. 그런데 배관 사장님은 자기 실수 때문인지 큰 온수기를 가지고 가고 나서 소식이 없다. 몇 번을 전화를 해도 받지도 않아서 남편은 큰아들에게 작은 온수기를 부탁했더니 큰아들은 새로 나온 녹도 슬지 않는 신제품을 보내 왔다. 그래서 전에 우리 집을 지을 때 배관을 해주셨던 사장님께 부탁했더니 1.5kl로 판넬 밖으로 구멍을 뚫고 안전하게 달아주셨다. 온수기에서 더운물까지 나오니 미술관에 살아도 손색이 없겠다. 싱크대 위에서도 더운물이 나오는지 틀어보고 더운물 나올 때 미술관 청소라도 해야 한다고 화장실부터 다시 걸레를 빨아 깨끗이 청소했다. 미술관 준공을 받으려면 화장실이 완성되어야 한다고 설계사무실에서 화장실 사진을 찍어 보내라고 해서 휴대폰으로 사진을 보냈다. 설계사무소에서 접수를 했고 수자원과에서 직원 두 명이 나와 상수관과 하수관 그리고 오수관까지 설계대로 제대로 했는지 살펴보고 싱크대나 변기에도 물을 흘러 보내서 오수관까지 잘 흘러나오는지 시험했다. 그리고 사진도 찍고 갔는데 일주일 후에 준공 허가가 나왔다. 나는 향을 피우며 기도를 올렸다. 미술관이 언제까지 잘 보존되기를 빌었다. 방에다 전기필름을 깔아서 따뜻한 방에 남편은 하룻밤을 잤다. 수기가 없어 그런지 잠이 아주 잘 왔단다. 서울에 있을 때 《꽃피는 봄날에》라는 내 수필집을 낼 때 서울에 있는 롯데호텔에서 출판기념회를 했는데 그때 걸었던 휘장을 김 사장에게 부탁해서 미술관 벽에 걸었다. 한 벽을 다 차지한 푸른색 휘장을 보니 그때의 장면들이 파노라마처럼 떠오른다. 두 팔에 넘쳐나던 꽃다발들 축하해 주기 위해 참석해 주셨던 분과 지금은 돌아가셨지만 나를 수필로 이끌어 주셨고 축사를 해 주셨던 변해명 선생님, 형제들, 친척들, 날 아껴주셨던 가까운 분들과 친구들 새삼 고맙다. 그리고 서울에 있을 때 남편은 역학을 문화관에서 강의를 한 적이 있었는데 그때 교육생들이 최근까지 찾아 왔다. 그때 강의실에 걸렸던 휘장도 걸어두었고 국전에 당선했던 남편 서예작품도 중앙 기둥에 당당하게 걸었고 남편의 그림들이 사방 벽을 장식했다. 시아버님은 글씨를 아주 잘 쓰셨다. 세필인 경우 사람이 쓰지 않고 인쇄를 한 것이라 착각할 정도다. 아버님의 붓글씨는 표구하고 조상님의 문집과 족보, 가승록, 유품. 여러 예술품들은 아버님의 공간으로 따로 만들었다. 그리고 남편의 호를 따서 토산土山미술관이다. 또 하나의 새로운 세계가 열렸다.

버섯을 나누어 주면서…

일 년 전에 표고버섯종균을 참나무에 넣었는데 폭염에 다 말라 죽었나 생각했더니 가을이 되고 비가 한 번 오니 검은 단추 같은 작은 버섯이 고개를 쏙 내밀었다. 보지 못한 사이 제법 큰 것도 있다. 그래서 버섯을 따서 미술관 지을 때 도움을 주셨던 전무님께 예쁘고 잘생긴 버섯과 크고 험이 없는 왕밤을 박스에 넣어 드렸다. 선물이란 정성과 진심이 담겨 있으면 설명을 하지 않아도 전해지기 마련이다. 전무님은 웃으시며 잘 먹겠다고 하신다. 표고버섯은 사실 가격이 비싸서 서울에 있을 때는 자주 먹지 못했다. 귀한 손님이 온다고 하면 많이는 사지 못하고 필요한 만큼만 샀다. 지금은 참나무 톱밥으로 비닐하우스에서 대량으로 생산해 내니 가격이 많이 싸졌다. 그래도 큰 참나무에서 자연적으로 나오는 버섯은 톱밥에서 자란 버섯과 향이나 색깔이나 차이가 난다. 버섯이 나기 시작하니 여기저기에서 많이도 난다. 나는 버섯이 나면 제일 먼저 해마다 잊지 않고 철이 되면 옥수수, 고구마와 홍삼과 전병 고기까지 보내 주시는 김 사장님께 예쁜 버섯만 골라서 보내고 또 내 옷과 남편 옷을 해마다 보내 주며 일할 때 입을 옷까지 따로 만들어 보내 주시는 큰언니께도 보내드리고 가을이면 농장에서 딴 키위를 보내주시던 마음 따뜻한 작은언니께도 보내 드리고 버섯을 보니 고마웠던 분들이 생각나고 그분들에게 먼저 보내게 된다. 큰언니는 내가 키가 커서 기성복이 맞지 않았는데 언니 덕분에 나는 몸에 잘 맞는 옷을 입고 외출할 때는 언니가 만들어준 옷이 이 세상에 하나뿐이라는 것에 기분이 으쓱해진다. 상대방에 대한 고마움과 따뜻한 마음 덕분에 오늘날 내가 잘살고 있다는 생각이다. 사람과의 인연은 나쁜 인연도 내 탓이고 좋은 인연도 내 탓이다. 불교에서는 모든 현상은 전생에 지은 내 업보요 현재에 살아온 내 업이라고 한다. 나는 마음가짐을 바르게 해서 살기를 노력한다. 이렇게 귀한 버섯이 많이 나서 기쁘다. 자식과 친척 나중에는 동네 분들에게도 나누어 주고 우리 집에 오시는 분들에게도 봉지에 넣어서 맛보시라고 전했다. 무엇을 줄 수 있다는 것은 참 행복한 일이다. 준만큼 보람도 있고 비운 만큼 마음에 따뜻함은 가득이다. 어떤 분은 지금도 버섯을 주면 "많이 비싸잖아요." 한다. 그리고 버섯을 한 번도 먹어 보지 못하신 분도 가끔 계신다. 지금은 많이 싸졌는데도 아직도 옛날 기억이 남아 버섯이 비싼 줄 안다. 미술관 공사 하면서 오래된 큰 참나무를 4그루나 잘랐다. 나무 베는 아저씨가 버섯을 키우라고 적당하게 잘라주셨다. 재작년에 잘랐던 나무에서 버섯이 나기 시작했으니 이번에 자른 나무에서는 전에 나무에 버섯이 끝날 무렵 나기 시작할 테니 버섯이 연속해서 나겠다. 산림조합에서 버섯 종균을 사서 드릴로 나무에 구멍을 내고 종균을 하나씩 넣었다. 드릴로 구멍을 낼 때 톱밥에서 나는 향기가 그렇게 좋은 줄 몰랐다. 갓 구운 카스테라 향이다. 참나무를 태울 때도 참으로 구수한 향이 난다는 것이 신기하다. 나무에도 자기를 나타내는 색깔과 모양과 특유의 향이 있다. 앞집에서 우리 집에 버섯나무를 부러워했는데 이번 기회에 나무와 버섯 종균을 나누어 주었다. 버섯은 그늘과 습도가 중요하다. 나는 장소가 없어 그냥 언덕에 버섯나무를 세워 두었는데 가물면 햇볕에 말라 버섯이 나지 않고 비 오고 나면 버섯이 나는데 참나무를 준 앞집에는 그늘에다 물도 자주 주어서 우리보다 반년이나 먼저 버섯이 났다고 좋아한다. 그동안 우리 집을 보며 얼마나 버섯을 기르고 싶었을까? 기뻐하는 모습을 보니 참으로 흐뭇하다.

자식들의 나무을 심다

추석에 큰아들, 작은아들, 작은며느리, 손자 현준이, 손녀 보경이가 왔다. 큰며느리와 큰손자 연준이는 교육 때문에 미국에 있는데 큰며느리는 추석에 못 도와드려서 죄송하다고 전화가 왔다. 그래도 한국에 있을 때 제사며 차례도 함께 했는데 없으니 좀 허전하다. 차례를 지내고 선산에 계시는 시부모님 산소와 친정 부모님 산소도 잊지 않고 해마다 참배를 드린다. 자식들도 시골집에 정이 있어야 내가 죽고 나서도 찾을 것 같아 자신들의 나무를 심게 했다. 5년 전에 측백나무 씨를 받아서 모종밭을 만들었는데 잘 커준 덕분에 지금 딱 옮겨심기가 적당했다. 또 자신들의 나무라고 생각되면 관심을 갖게 되고 고향을 찾을 때마다 얼마나 컸는지 알고 싶을 것이라 생각이 들었다. 예전에 시고모님 두 분이 시집도 가기 전에 있었던 이야기다. 우리가 새집을 짓기 전에 옛날 집이었는데 고모님이 어릴 때 감나무 두 그루를 이름을 정해 놓고 하나는 큰고모님 또 하나는 작은고모님 것이라고 했단다. 두 분은 결혼했고 친정집에 있는 감나무도 잘 자라고 있었는데 큰고모 감나무는 감이 많이 열리고 작은고모 감나무는 감이 적게 열렸다고 했다. 그러다가 어느 날 자식도 없었던 작은고모가 돌아가셨고 감나무도 따라 시들해지더니 죽었다고 한다. 내가 집 지으려고 시골에 내려 왔을 때도 큰고모 감나무는 흙이 허물어져 뿌리가 그의 다 드러났는데도 죽지 않고 살아 있었다. 큰고모는 자식도 많고 우리가 공사를 하려고 감나무를 베어낼 때까지도 살아계셨고 구십 세까지 사셨다. 내 생각은 나무와 사람과의 연결의 끈이 이어져 있는 것이라는 생각이 든다. 큰아들은 일찍 서울로 가버려서 작은아들부터 자신이 고른 나무를 심었고 작은며느리 손자 현준이, 손녀 보경이 순으로 심었다. 보경이는 자신의 나무가 오빠보다 작다고 바꾸어 달란다. 내가 보기에는 오빠 것보다 큰 것 같은데 지금 이렇게 심어도 나중에는 어느 것이 더 클지 아무도 모른다. 뒷산에 가면 옛날 시아버님이 심었다던 밤나무가 있다. 해마다 밤이 많이 열려서 자식들이나 친지들이 오면 밤을 줍는다. 서울에서는 밤을 줍는 일도 돈을 주고 체험학습을 해야 하는데 시골집에서 마음대로 줍고 할 수 있어 좋은 것 같다. 딸 가족도 이번 연휴가 길다고 시댁 차례만 지내고 시골에 왔고 작은아들처럼 똑 같이 측백나무를 심었다. 작은아들 다음부터 사위, 딸, 손녀 태희, 손녀 태은이 순서대로 심었고 밤도 줍고 고기도 구워 먹고 놀았다. 태희는 내가 만들어준 묵은김치에 표고버섯을 넣은 돼지갈비찌개를 좋아해 태희가 온다고 하면 제일 먼저 만드는 요리다. 부모가 살았던 집 그리고 자신들이 심었던 나무들 이런 모든 것들이 나중에 한 번 더 시골을 찾게 만들 것이다. 나는 자식들이 심은 나무를 언덕을 오를 때마다 살펴본다. 풀도 뽑아주고 한 번씩 어루만져 주면서 아프지 말고 무럭무럭 잘 크기를 빌어본다. 나무가 잘 크면 자식들도 아무 탈 없이 잘 지낼 것이라는 믿음이 있다. 자식들이 심은 나무 중에 보기에도 튼튼하게 크는 나무가 있는가 하면 크지 않고 부실해 보이는 나무도 있다. 약해 보이는 나무는 잘 클 수 있도록 좀 더 보살펴야겠다. 남편은 나무시장에서 이번에도 많은 나무를 사왔다. 호두나무, 체리, 대봉, 단감나무, 치자와 자두, 그리고 정원수까지 좋은 나무만 보면 자꾸만 심고 싶은가 보다. 우리 살아생전에 열매 열리는 것을 구경이나 할 수 있을까? 나무가 크게 자라서 열매가 많이 열리고 자식들이나 손자들이 열매를 따서 먹을 수 있기를 바라는 마음이다. 앞으로 내가 없더라도 나무들은 계속 자랄 것이고 큰 나무 아래서 자신들의 나무를 올려다보면서 나무를 심었던 기억을 했으면 좋겠다.

시제를 지내다

아직 11월인데 서리가 한번 왔다. 대부분 11월이면 시제를 지낼 준비를 해야 한다. 시제는 음력으로 10월 달에 지내야 하므로 윤달이 있어 음력 10월이 양력 12월이 되는 경우도 있다. 그리고 평일 날은 일하는 사람은 올 수 없어서 일요일로 정해놓고 있다. 우리 집은 큰집이면서 장손이라 남편이 시제를 주관하는데 음식준비는 내 몫이다. 지금은 대전에서 통영까지 고속도로가 나 있어 오는데 수월하지만 내가 서울 살 때만 해도 산길로 난 지방도로는 눈이 오거나 영하의 날씨에는 길가에 미끄러진 차며 사고 난 차들이 곳곳에 있었다. 서울에서 떡과 고기 등 음식을 다해서 차에 싣고 시골까지 오려면 하루 전에 와서 아무도 살지 않은 시골집에서 하룻밤을 자고 다음날 선산에 가서 윗대 조상님 산소에 제물을 차려놓고 일가 친척들이 다 모인 가운데 시제를 지냈다. 집안사람들이 다 모인까닭에 젊은 사람들도 많아 서로 음식을 나누어 먹으며 친목을 다졌다. 시제가 끝나면 각자 집으로 돌아가는데 대부분 서울서 내려왔기 때문에 다시 돌아가려면 고속도로가 막혀서 10시간이나 걸릴 때도 있었다. 그때는 오고가는 시간이 걸려도 꼭 해야 된다는 의무감이랄까 사명감이랄까? 불평이 없었고 시제를 잘 지내고 왔다는 뿌듯함이 있었다. 세월이 흐르고 고속도로도 좋아졌는데 어른들은 한분 한분 돌아가시고 젊은 사람들은 자기 일에 바빠서 시제에 참석하는 것이 드물어졌다. 전에는 아버지가 앞장섰고 자식들은 따랐는데 그런 아버지들이 없다 보니 젊은 사람들은 아버지 눈치 볼 것도 없어서 그런지 아니면 이제 어른이 된 자신들이 마음대로 해야 된다고 생각하는 건지 모르겠다. 내가 아는 분은 자식들이 전부 서울에 살고 있어 명절이 되면 아버지가 서울로 올라가서 큰 아들집에서 차례를 지내고 온다. 아내도 죽고 혼자인 데다 아들 셋이 고향집에 내려와 차례를 지내려면 고속도로 정체 때문에 자식들이 고생한다면서 몇 년 전부터는 시골서 서울로 올라간다. 명절 때 시골서 서울 올라가는 것은 차도 막히지 않고 빨리 갈 수 있어 그렇게 하고 있다. 선산에 묻힌 조상님과 부모님 그리고 아내까지 고향 선산에 묻혀 있고 자신도 죽으면 아내 옆에 묻힐 것이라 가묘까지 만들어 두었는데 자식들은 아버지가 돌아가시면 시골에 가시지 말고 서울 근교나 납골당에 모시겠다고 했단다. 성묘도 그렇고 시제도 그렇고 너무 멀고 오고가고 하는데 너무 힘들다고 했단다. 나 한태 하소연을 해도 내가 어떻게 해줄 수가 없다. 방송에서 시제를 지내다가 선산 문제로 친척 간에 다툼이 있어 불을 질렀다고 한다. 그런데 시제지내는 분들이 70대부터 80대다. 젊은 사람은 한 사람도 없다. 결혼도 안 하는 사람도 많고 또 경제적으로 힘든다고 자식도 한 명 아니면 두 명 정도고 이러다간 앞으로 시제 지낼 사람도 없겠다 싶다. 시제를 지내는 나에게 힘이 되는 우리 자식들과 친정시제에 빠짐없이 참석하는 딸에게 고마운 마음이 든다. 세상이 변해도 조상을 받들고 공경하면 스스로 복을 짓는다고 생각한다. 해마다 시제를 지내려고 고속도로가 정체되는 것을 보면 우리 사회가 아무리 각박하고 자기밖에 모른다고 해도 효孝는 살아있고 조상을 생각하는 마음은 변함이 없다는 것을 생각하게 한다. 어느새 소리도 없이 가을이 깊어간다. 은행잎도 노랗게 물든 것도 있고 아직 나는 갈 때가 아니라고 초록 잎을 꽁꽁 가지에 붙들어 맨 나무도 있다. 서리가 내리고 바람도 불고 낙엽이 지고 있다. 잎들이 바람에 새떼처럼 휘돌아 날린다. 시제를 지내고 친척들과 자식들에게 떡과 고기와 과일을 나누고 모두 돌아가고 나면 올 한 해도 무사히 마무리가 된 것 같다.

자연 속에 아주 작은 나

가을은 왠지 쓸쓸하고 처연하다는 생각이 들면서 슬퍼지기까지 한다. 약샘 둘레에 난 단풍잎들이 환하게 꽃 피듯이 물이 들었는데 밤새 바람이 거세게 불더니 대부분 떨어져 바닥에 붉은 별을 뿌려 놓았다. 처음에는 밤나무나 참나무에 낙엽이 떨어지더니 이제는 단풍나무가 그 위에 꽃 이불을 덮은 것처럼 펼쳐 놓았다.

나무마다 잎새가 떨어지는 순서가 있나 보다. 곳곳에 나무껍질이 벗겨지고 가지들이 떨어져 죽어 있는 나무들이 보인다. 다른 나무들은 멀쩡히 다 살아 있는데 저렇게 크게 자라면서 살지 못할까? 살 수 없는 뭔가가 있기에 죽을 수밖에 없는 것이리라. 낙엽을 밟으며 약샘으로 올라가는데 새벽부터 딱따구리의 "딱딱" 나무 쪼는 소리가 들린다. 다른 새들은 몰려다니며 먹이를 찾는데 딱따구리는 나무껍질 속에 있는 벌레를 잡겠다고 단단한 나무를 계속 쪼아

댄다. 나이가 들면서 잡다한 걱정 또한 많아진다. 산을 타다가 떨어져서 사고가 난다든지 음식을 잘못 삼키다가 숨이 막혀 사고가 난다든지 차를 타고 가다가 사고가 나는 그런 온갖 생각들이 문득 들 때가 있다. 사실 나는 매일 식사 도중에 치아가 안 좋다 보니까 음식을 잘못 씹어 목이 막힐 때가 한두 번이 아니다. 그래서 음식 먹을 때 조심을 하지만 조심을 해도 이러다 죽는 것이 아닌지 우려가 된다. 지금 죽는다 해도 별로 억울하지도 않다. 이만큼 내 할 일을 하고 행복했으면 됐다는 생각과 다른 사람처럼 아파서 병원생활 하지 않고 일하다가 자는 잠에 가주면 그보다 더한 복은 없겠다는 생각이다. 주위에 보듯이 죽지 못해 살거나 자신의 의사도 제대로 표현할 수 없이 그냥 병원신세나 지는 그런 생활은 생각하고 싶지도 않다. 요즘 들어 죽음에 대한 생각을 많이 하게 된다. 일을 할 때도 나중에는 내가 다시는 할 수 없을 거야 그러니까 지금 할 수 있을 때 두 번 손 안 보게 제대로 해 놓아야 한다는 생각으로 일을 한다. 남편도 마찬가지다. 언덕 위에 계단을 만들어도 쇠로 된 계단에 돌로 받침대를 놓고 그리고 시멘트를 발라 튼튼하고 단단하게 마무리를 한다. 무슨 일이든지 자식들이 우리만큼 못할 것 같아서 더 열심히 하게 되는 것 같다. 자식들이 여기 살게 된다면 도시에서 살다가 시골 일을 해보지 않아 어떻게 해야 하는지 잘 모를 수 있다. 처음부터 이 집을 지으면서 하나하나 눈여겨보고 어디가 잘못되고 또 어떻게 해야 하는지 남편과 나는 알기 때문이다. 하루하루 다짐하고 또 하나라도 더 제대로 만들어 놓고 죽을 수 있기를 소원하는 바다. 사실 죽는 것은 하나도 두렵지 않지만 아직까지 자식들에게 살아서 힘이 되었으면 한다. 나에겐 아직 도와줄 힘이 있고 자식들 역시 내가 살아서 농사지어 먹을거리라도 보탬이 되지 않을까 해서다.

부모는 자식을 위해서 산다는 마음이 든다. 자식이 없으면 이렇게 부지런을 떨 마음이 없을 것 같기도 하다. 자식이 있다는 것은 참 복이 많다는 것이다. 내 사랑을 전해줄 수 있는 것에 감사한다. 이번 가을은 마음에 준비도 없이 어느새 가을이 온 것 같다. 곡식이 익고 감이 익어 떨어지고 날씨조차 서늘해졌다. 익은 결명자를 따는 중에 이제야 꽃을 피우고 열매도 맺지 못한 어린 결명자를 본다. 다른 결명자는 벌써 누렇게 익어 잎도 떨어졌는데 어린 결명자는 언제 열매를 맺을까? 곧 서리도 올 것이고 그러면 그냥 죽어 버릴 것이다. 차라리 싹이 나지 않은 것이 좋았을까? 다 크지도 못하지만 그래도 싹을 틔운 것이 좋았을까? 우리가 보는 모든 자연의 세계에서 이런 일들이 너무 많이 일어난다. 결명자뿐일까? 장미나 작은 들꽃에도 그리고 봄에나 날 새싹들이 따듯한 가을날에 비가 오니까 제 계절도 모르고 싹을 틔운다. 서리가 내리면 그대로 뜨거운 물에 데친 듯 죽어버릴 것이다. 환경과 기온에 맞지 않으면 살 수가 없다. 안쓰럽지만 모든 것이 자연의 섭리라면 어쩔 수가 없다. 우리들도 하루하루 시간이 지나면 어느새 저만큼 가있고 지난 일이 저 멀리 가버린다. 어려운 일이나 좋은 일이나 돌아볼 기회도 없이 구름처럼 흔적도 없이 사라져버린다. 자연 속에 아주 작은 나는 자연과 더불어 살 수밖에 없다.

주인 잃은 검은 개

아침 일찍 약샘에 가려고 산을 올랐다. 12월이라 나무는 잎이 떨어져 앙상하고 낙엽이 떨어져 산을 덮었다. 산 위에서 검은 개가 나무 사이로 낙엽 위를 신나게 뛰어다니더니 산 너머로 사라져 버렸다. 내가 보기에도 너무 즐거워서 꼭 춤을 추는 것 같다. 개가 어디서 왔을까 그리고 산 위에는 집도 없는데 이상했지만 사라져 버린 개는 더 이상 보이지 않아 생각하지 않았다. 고양이 밥을 주고 집으로 들어가는데 처음 보는 낯선 사람이 우리 집 건너편 밭 위에서 휘파람도 불고 이름을 크게 부르는 것을 보니 개를 찾는 것 같았다. 한참을 안타깝게 개 이름을 부르더니 가버렸다. 개 주인이 가고 나서 저녁 무렵 크고 검은 개가 산 쪽에서 내려와서 우리 집으로 오더니 고양이 밥그릇을 발도 누르고 밥알 하나라도 다 훑어먹고 고양이가 먹지 못하고 버린 생선뼈도 다 찾아먹고 그것도 모자라 전에 흙속에 묻어버렸던 음식물 쓰레기까지 흙을 파헤쳤다. 세퍼트 만큼 큰 개라 가까이 가기가 무서워서 가라고 소리쳤다. 목줄을 하고 있는 것이 아마도 낮에 왔던 사람이 주인인 것 같았다. 처음에는 묶여있지 않아 자유로워 신났겠지만 배가 고픈 것은 고통이다. 나는 주인이 찾았을 줄 알았는데 왜 주인이 가고 나서야 뒤 늦게 나타났는지 안타깝다. 밥을 가져다 주고 싶었지만 그러면 아예 여기서 살까 봐 걱정이고 우리 마을 개라면 집을 찾을 것인데 아마도 다른 곳에서 이곳으로 잠시 왔다가 목줄이 풀렸을 수도 있겠다. 주인은 주인대로 얼마나 애타게 개를 찾을 것이며 개는 주인을 못 만나 고통을 받을지 마음이 불편하다. 이럴 줄 알았으면 개주인한테 전화번호라도 물어둘 걸. 모든 것은 한순간이다. 다시는 죽어도 돌이킬 수 없는 것이 시간이다. 검은 개는 동네를 돌아다녔고 건너편 밭으로 또 우리 집으로 계속 돌아다닌다. 처음에는 큰 개라서 무서웠지만 가만히 보니 집에서 대접받고 자란 개같이 온순하다. 주인이 한번만 더 와주기를 기도해 본다. 개가 우리 집에 또 들르면 먹으라고 고양이 밥그릇에다 꽁치를 섞어서 밥을 수북하게 부어 놓기도 했다. 이틀을 보이지 않았는데 낮에 보니 배가 홀쭉하니 굶어서 대야에 있는 물을 벌컥거리며 먹고 있었다. 남편은 개가 굶고 다니는 것이 안타까운지 생선이라도 더 넣어 밥을 두라고 한다. 남편은 유난히 개를 좋아한다. 예전에 두 번 개를 키웠는데 그때마다 목욕부터 산책까지 도맡아 했었고 개를 위해서는 아까운 것이 없었다.

밤에 비가 왔다. 남편은 비가 와서 개가 얼마나 추울까 걱정한다. 밤에 음식을 먹고 갔을까? 살펴보았더니 개가 온 흔적은 없다. 주인을 못 만나도 다른 주인이라도 만났으면 다행인데 들개가 되든지 아니면 굶어 죽기라도 하면 너무 불쌍하다. 검은 개 때문에 우리 집에 단골인 까망이라고 불리는 고양이도 개가 무서워 오지 않았는데 개가 며칠 오지 않으니까 고양이가 와서 밥 달라고 부엌문 앞에서 기다린다. 날씨도 춥고 고양이도 많이 춥겠다 싶어 더운밥에다 생선을 섞어 주었더니 야옹거리며 맛있게 먹는다. 오늘 하루 내내 비가 왔다. 내일부터 한파가 온다고 했는데 개는 보이지 않는다. 남편이 산에 올라가다가 검은 개를 만났다.

오늘 대설인데 낮 기온도 영하다. 이런 날에 벌써 며칠이 지났는데 얼마나 배가 고팠으면 이곳으로 또 내려왔을까? 주인도 못 만나고 또 반겨줄 아무도 없으니 마음이 무겁다. 사진이라도 찍어 마을회관 앞에다 주인 찾는다고 붙여야 할까? 사람을 보면 피하기 바쁘니 사진이라도 찍을 수 있을지 모르겠다. 남편은 개가 언제라도 먹을 수 있게 그릇에다 먹이라도 많이 가져다 놓으란다. 엉뚱하게 주인 잃은 개 때문에 걱정거리가 생겼다. 남편이 지팡이를 짚고 산에 올라갔는데 검은 개가 버섯이 난 나무 옆에 있다가 깜짝 놀라서 일어났고 남편 역시 아무것도 없는 줄 알고 갔다가 개를 보고 놀랐다. 지팡이를 가지고 있는 남편을 보고 개가 가려고 하자 남편은 지팡이를 내려놓고 부드럽게 가지 말라고 말했지만 개는 한 번 돌아

보고 약샘 쪽으로 갔다고 하면서 집으로 와서 빨리 식빵을 달라고 한다. 혹시 개가 배가 고파서 빵을 먹을지 모른다며 약샘의자 위에 두고 오겠단다. 다음날 빵을 먹었는지 보려고 약샘에 가 보았더니 빵은 그대로 있다. 빵을 그대로 두고 기도만 하고 왔다. 개 발자국이 나있고 개변도 있어 개가 멀리 가지 않고 근처에 있지만 마주치면 도망가기 바쁘다. 밖에 모아둔 빈 꽁치통조림도 먹을 수 있나 싶어 산으로 물고 가버렸다. 빈 깡통에 많이 실망했겠다. 남편은 거의 이주일도 다 되어 가는데 추운 날씨에 어디서 자고 먹는지 개를 기다리며 밥에다 생선까지 놓아 두었다. 아침에 보니 개가 잘 먹는 생선뼈가 그대로 있는 것을 보니 고양이만 먹은 것 같다. 다음날도 눈이 왔고 영하8도나 된다. 가끔 잊어버릴 만하면 검은 개가 나타나 "우" "우" 늑대들이 우는 그런 소리를 지를 때가 있다. 아마도 주인을 부르는 소린 것 같아 참으로 안타깝다. 주인은 그 뒤로 한 번도 오지 않았다. 한번이라도 왔으면 개를 만날 수 있었을 텐데 어쩌다가 개는 주인을 잃고 주인은 개를 잃었을까? 순간의 부주의로 이런 결과가 되었다. 자식을 잃었으면 끝까지 찾아 헤매고 평생을 가슴앓이로 살 것이라는 생각이 된다. 어느 날 보니 날씬하던 검은 개가 배가 불러있다. 젖도 늘어지고 임신을 한 것 같았다. 이렇게 날씨도 추운데 걱정스럽다. 동네에 다니다 보면 주인을 잃은 떠돌이 개들이 여러 마리 돌아다닌다. 한겨울에도 새끼를 낳아 추위에 떨고 있는 것을 몇 번 보았다. 그래도 개를 불쌍하게 여기는 분들이 있어 얼어 죽지는 않지만 여름이 다가오면 새끼와 같이 사라져 버린다. 어느 섬에 휴가철이 되면 개를 버려놓고 가는 사람들이 있다고 했다. 개들은 주인 오기를 버려진 자리에서 마냥 기다리고 있다고 하니 참으로 가슴 아프다.

개는 충성심이 있어 위험에 처해진 주인도 구하는 이야기도 있지만 주인이 죽은 줄도 모르고 하염없이 기다리는 개들도 있다. 개장수들이 트럭을 타고 다니면서 마이크로 "개 삽니다. 염소 삽니다." 하고 다니기 때문에 개를 길러서 파는 사람도 있기 때문이다. 얼마 동안 검은 개가 보이지 않았다. 혹시 다른 주인이라도 만났나 했다. 어느 날 아랫집에서 검은 개가 새끼를 자기 집에서 열 마리를 낳았다고 소문이 났다. 궁금했던 차라 그 집에 가보았더니 작고 귀여운 새끼들이 여기저기 돌아다니고 검은 개는 줄에 매여있었다. 아랫집 옆집에 사는 아주머니가 나에게 와서 귓속말로 말한다. 저 사람이 개 새끼가 탐이 나서 개가 새끼 낳은 곳을 찾아서 자기 집에 데리고 왔다는 것이다. 바로 옆에 살지만 새끼 울음소리를 어제 처음으로 들었다는 것이다. 여기서 낳았다면 개소리라도 들렸을 텐데 돌아다니던 개를 찾아서 자기 집에서 새끼를 낳았다고 사람들에게 보였다는 것이다. 사실 그 말도 일리가 있는 것이 아랫집 아주머니는 해마다 개를 기르고 복날이 되면 잡아먹거나 개장수한테 파는 것을 보았기 때문이다. 개가 돈이 된다는 것을 알고 있는 사람이라 자기 집에서 낳았다고 거짓말을 한다 해도 나는 도리어 마음이 놓였다. 주인이라도 만났으니 밥 걱정은 없겠다 싶었다. 그런데 어느 날 새벽에 무심코 밖에 나갔다가 아랫집 대문에 개장수 같은 차가 왔고 강아지를 실어가는 것을 보았다. 마음이 아팠지만 나로서는 할 말이 없다. 검은 개는 울부짖고 트럭을 쫓아갔지만 트럭은 가버렸고 나머지 새끼 때문인지 검은 개는 되돌아왔다.

아랫집 아주머니는 검은 개를 줄도 묶지 않고 내버려두어서 개는 새끼 두 마리를 데리고 우리 집 정원에서 변을 보고 흙도 파고 나름대로 마음에 안정을 얻는 것 같았다. 검은 개가 우리 집뿐 아니라 다른 집에도 들어가 마당을 어지럽히니 동네에서 개 줄을 메라고 항의를 하니까 그때서야 내 개도 아닌데 왜 나한테 그러느냐고 도리어 화를 낸다. 그러더니 새끼 한 마리가 또 없어지고 이제 새끼는 한 마리다. 검은 개는 밥을 주는 아랫집 아주머니를 주인으로 섬기고 오토바이를 타고 논에 일하러 가면 새끼와 같이 숨이 차게 따라가고 집에 올 때도 오토바이 옆에서 에스코드 하는 것처럼 양쪽으로 한 마리씩 아주머니를 따라 달린다. 사람들이 개들이 참으로 충성심이 대단하다고 칭찬을 했지만 아주머니는 그런 소리가 듣기 싫었던지 어둠이 가시지 않은 새벽에 검은 개는 새끼와 같이 개장수트럭을 타고 떠났다. 마음이 아팠지만 나 역시 책임 있게 개를 키울 형편이 되지 않는다. 어제 방송에서 대학병원 앞에 흰털을 가진 작은 개 한 마리를 보여주었다. 주인이 갑자기 쓰러져 119구조차를 타고 대학병원으로 실려 갔고 주인이 실려 가는 119구급차를 뒤쫓아서 대학병원까지 오게 되었다고 한다. 사람들이 많은 병원 안으로 들어가지 않고 입구에서 주인이 나오기를 6일 동안이나 기다리고 있었다. 드디어 주인은 휠체어를 타고 입구에 나타났고 개는 반가워서 꼬리를 세차게 흔들며 껑충껑충 뛴다. 주인은 손으로 개를 쓰다듬는다. 아마도 이 방송을 보신 분들은 많은 감동을 받았을 것 같다. 사람들의 이기심에 남의 일이라면 모른척 하는데 주인을 생각하는 개의 충직함에 마음이 따뜻해지며 많은 위로를 받았다. 개를 싫어하는 사람도 있지만 방송을 보면 유기견들을 보호하고 개들이나 고양이를 위해서 자신의 모든 것을 바치는 사람들을 보게 된다. 어떻게 자신을 희생시켜 저렇게 할 수 있는지 내 눈에는 천사가 따로 없다. 개를 키우는 이유를 물어 보면 하나같이 개들에게 위로를 받는다고 말한다. 저런 분들이 개를 돌보다가 먼저 죽게 되면 남아있던 개들은 어떻게 될까? 건강하게 오래오래 사셨으면 하고 빌어본다.

죽음은 누구에게나

고성에 가서 남편 휴대폰 약정일을 2년으로 등록하고 미술관과 차고에 취득세와 등기도 맡기고 사천에 가서 타이어 공기도 넣고 마트에서 식품을 사고 집으로 돌아왔다. 매일 하나하나 정리를 한다. 자식들은 이곳이 좋아보여서 우리들이 언제까지나 이렇게 살고 있을 것이라 착각을 한다. 매일 잔디에 풀 뽑고 주위에 나무들도 잘못 크지 않게 가지들을 잘라주고 베란다에도 개미들이 올라오는 구멍들을 시멘트로 메워 주고 구석구석 잘못된 곳이 보이면 눈여겨보았다가 고치고 다듬는다. 약샘도 청소하고 주위에 할 수 있는 일들을 우리들이 죽고 나면 할 사람이 없다. 주위에 여러 사람들이 돌아가셨다. 엊그제 이야기를 나누었던 이웃도 사고로 죽었고 건강에 자신 있다고 큰소리치던 친척도 갑자기 세상을 떴다. 우리 부모님과 또 시부모님 그리고 내가 아는 여러분들이 돌아가셨다. 언제 어디서 어떻게 죽을지 아무도 알지 못했다. 부모님들의 임종을 보았지만 돌아가실 때는 자신의 의사도 표현하지 못했고 옆에서 간호를 했던 사람이나 자식이나 다른 사람들이 마지막을 수습하고 정리한다. 내가 죽을 때는 내가 마음대로 다 해놓고 처리할일이 있으면 다 정리해 놓겠다고 하지만 뜻대로 되지 않는다.

농촌에는 젊은 사람들은 도시로 떠나버리고 힘 없고 나이 많은 사람들만 남아 있다가 죽어버리면 그냥 빈집으로 남아있다. 우리집 주위에도 벌써 여러 집이 빈집이다. 하루 종일 있어도 사람 구경할 때가 별로 없다. 수도승이나 살 그런 곳이다. 나처럼 기도하고 뿌린 씨앗이 올라오는 것을 보며 행복을 느끼는 사람 말고는 누가 살까? 놀이도 없고 문화시설 도 없고 상대도 없고 돈만 들어가는 이런 곳을 살아 보라면 과연 몇이나 될까? 지금은 아픈 곳도 없고 건강하게 살고 있지만 만일에 두 사람 중 아프거나 정말 죽기라도 한다면 어떻게 살까? 무슨 낙樂으로 살며 이야기할 사람도 자랑할 사람도 기쁘거나 슬픔을 나눌 사람도 없다는 것 살아갈 재미가 없을 것 같다. 남편이 없으면 생각만 해도 무섭고 두렵다. 이렇게 곤히 자는 숨소리만 들어도 안심이 되고 행복하다.

얼마 전에 어떤 아가씨가 저녁 무렵 다리 난간을 넘어 강물에 뛰어내려 죽으려고 한 일이 있었는데 그곳을 지나는 승용차가 멈추더니 아저씨가 내려서 난간을 넘어 재빨리 아가씨를 붙잡았다. 뒤따라오던 다른 차들도 멈추고 아주머니들과 어린 소녀까지 내려서 그 아가씨에게 용기와 애정이 어린 한마디를 했다. 사랑하는 사람들이 주위에 얼마나 많은데 이런 생각을 하느냐고 말했고 그 아가씨는 아주머니에게 기대서 울었다. 나중에 방송에서 처음에 아가씨를 붙잡았던 아저씨와 인터뷰를 했는데 그때 아저씨는 영상을 보니 자기가 그렇게 재빠르게 난간을 뛰어넘은 줄 화면을 보고 알았다고 한다. 그 아가씨가 아저씨를 보고 처음 한 말은 "왜 나를 구했어요." 그랬단다. 그런데 아저씨 귀에는 구해주어서 고맙다는 소리로 들렸다고 했다. 우리는 가만히 있어도 죽음을 향해서 가고 있다. 작년에 보았던 나무도 올해는 더 커져 있을 것이고 새로운 잎들이 더 많이 나 있을 것이다. 우리들도 흰머리도 늘고 주름도 늘고 하루하루 세포가 늙어가고 어제에 내가 아니고 오늘의 나도 자꾸 시간이 지나간다.

현재의 내가 지금 있는 것 같지만 과거의 나로 흘러가고 강물은 계속 그 자리에 있는 것처럼 보이지만 물 자체는 계속 흘러서 항상 새로운 물이다. 지금이라는 시간도 물처럼 바람처럼 흘러가는 것이다. 가만히 있어도 우리들은 죽음을 향해서 가는 것이다.

나는 우리 부모님과 시부모님 그리고 주위에 있는 여러 사람들의 죽음을 보아왔다. 나이가 많거나 젊거나 예고나 준비도 없이 생각지도 않게 죽는다. 죽음이 왔을 때 할 일 다 하고 할 말 다하고 그렇게 가는 사람 보지도 못했다. 병이 들거나 노환으로 죽을 경우도 죽음이 왔을 때는 말도 못하고 먹지도 못하고 자신으로는 아무

것도 할 수가 없다. 설사 준비를 다 해놓고 극단적인 선택을 하더라도 그것 역시 남은 사람들이 자신의 마지막을 정리해 주는 것이다. 사람이 태어나서 부모의 돌봄이 있고 죽고 나서도 가족들이 처리를 하는 것이다. 내 자신이 잘나고 못나고 할 것 없이 살아 있는 모든 것은 죽을 수밖에 없는 것이다. 어떤 사람이 한평생 부족함 없이 잘 살았는데 나이가 많아 돌아가실 때가 되어서는 인생이 너무 허무하다고 했다. 지구가 생겨나고부터 모든 생물이 태어났다 죽고 수천 수 만 번 헤아릴 수도 없이 지나오면서 우리의 짧은 인생은 햇빛만 보면 사라지는 이슬 같고 저녁에 지는 해와 같다는 말에 나도 동감한다. 어떻게 살아야 가치 있는 삶인지 아니면 한 번밖에 없는 인생 낭비하고 허비하면서 허무하게 살 것인지 모든 것이 내 마음에 달렸다.

복이 없는 사람

복이 없는 사람이 있기는 있는 모양이다. 주위에 가난하게 사는 사람이 있는데 내가 먹을 것을 만들어서 주려고 가면 집에 없다. 모처럼 집에 있는 것을 확인하고 가보면 또 나가고 없다.

어떤 날은 한나절 기다려 만난 적도 있다. 불교에서 말하기를 전생前生에 선업을 짓지 않아서 현생現生에 고생을 한다는 것이다. 지금 살면서 선업을 지으면서 살면 그나마 잘살 수 있다고 하지만 가진 것도 없고 도와주는 사람까지 없으면 가난을 면하기 어렵다.

또 자신의 행동에서 복을 차는 사람이 있다. 동네 골목에 자기들 집 앞이라도 쓸면 골목길이 깨끗할 텐데 집안만 청소하고 대문 밖은 손도 까딱 안 하는 사람들도 있고 오히려 담배꽁초나 비닐이나 휴지조차도 양심 없이 아무렇지 않게 길거리에 버린다. 자신의 행동이 운명을 만든다는 말이 있는데 내가 봐도 복 받기는 어렵겠다.

남편은 그런 이웃이 있어도 말없이 골목길을 청소한다. 불교 경전에 이런 이야기가 있다고 한다. 어느 거지 집단이 있었는데 어떤 여자가 거지로 들어오고 나서 동냥이 되지 않았다. 여지껏 동냥이 잘돼서 그럭저럭 밥은 굶지 않고 살았는데 무슨 일인지 거지들이 굶어죽을 지경에 이르렀다. 거지 두목은 틀림없이 우리 중에 우리보다 더 박복한 사람이 있어서 우리까지 죽게 생겼다고 누가 복이 없는지 찾아야 한다고 마음먹고 사람들을 반으로 나누어서 동냥을 하게 했더니 여자가 끼인 그룹에서 동냥을 못했다. 그래서 또 반을 나누어 동냥을 시켰고 결국은 여자를 찾아내었다. 거지 두목은 그 여자를 보고 복이 없는 당신 때문에 우리가 전부 복이 없어지니 나가 달라고 했단다.

그래서 그 여자는 결국 부처님을 찾아가서 내가 왜 이리 복이 없느냐고 울면서 물었더니 부처님은 당신은 전생에 너무 구두쇠고 남의 불행을 보지도 않고 자신의 욕심만 채우는 사람이었다고 했단다. 사람은 죽고 나면 끝인 줄 알지만 영혼은 남아서 다음 생으로 또 태어나 계속 윤회를 거듭한다고 말씀하셨다. 그래서 복 있게 살려면 이번 생에 복을 많이 지어야 한다는 것이다. 그러니까 사람들이 복이 있는 사람을 만나 일이 잘 풀려 나간다고 하고 또 너 만나고부터 되는 일이 없다고 하는 사람도 있으니까 복이 있는 사람과 복이 없는 사람이 있기는 있는 모양이다. 나는 자식들에게 당부를 한다. 착하게 바르고 지혜롭게 살라고 그러면서 바르게 살지 않으면 자신이 가장 축복받고 영광을 누려야 할 시점에 벼락이 떨어지듯 박살이 날 것이라고 말한다.

어떤 사람은 국회의원에서 장관으로 발탁되고 나서 출세를 했다고 방송에 웃는 얼굴로 몇 번 보이더니 어느 날 과거에 잘못한 일이 밝혀져 명예와 재산까지 잃고 결국은 감옥까지 갔다. 비슷한 사연도 많이 있지만 옛말에 "선한 끝은 있어도 악한 끝은 없다."고 선하게 살면 복을 받는다는 말이다.

까망이

우리가 집을 짓고 나니 어디서 나타났는지 고양이들이 왔다. 그것도 한 두 마리가 아니다. 그러다 보니 자연히 밥을 주게 되었고 이제는 고양이 전용 밥그릇까지 생겼다. 8년 전에 왔었던 고양이들은 이제 보이지 않고 그다음 새끼들이 어른이 되고 또 자기들 새끼를 데리고 나타났다. 이곳에 가면 밥을 준다는 것을 알고 대물림을 하는 것이다.

그중에서도 털이 까맣고 별로 예쁘지도 않고 누구에게나 귀염을 받지 못할 것 같은 고양이를 나는 까망이라고 부르며 특별 대우한다.

그 이유는 다른 고양이들은 동네 다니면서 잘 얻어먹는 것 같았으나 까망이만은 동네에서 보지를 못했고 다른 고양이에게도 따돌림을 받는 것 같았기 때문이다. 그래서 까망이가 오면 밥을 준다든지 다른 고양이와 서로 죽어라고 물고 뜯고 싸움을 하면 까망이 편을 들어서 다른 고양이를 쫓아버린다든지 그렇게 하다 보니 까망이는 우리 집에 터줏대감이 되었다.

수놈인 까망이한테 다리 한쪽이 하얀 무늬가 있는 암놈이 생겼다.

암놈을 엄청 챙긴다. 밥을 주면 암놈이 다 먹고 나면 나머지를 먹는다든지 옆에서 따라 다니고 그랬는데 어느 날 얼룩고양이가 나타나 까망이가 좋아하는 암놈 고양이를 옆에서 지키고 따라다닌다. 암놈 때문에 까망이와 얼룩이는 만나면 싸운다. 싸움에 지면 나타나지 못하고 며칠 만에 보면 털이 빠지고 얼굴에 피가 나있다. 동네 어딘가에서 싸운 모양인데 까망이가 나타나지 않으면 얼룩이가 암놈을 데리고 나타난다. 어느 날 암놈이 새끼 두 마리를 데리고 나타났다. 아마도 먹이장소를 알려주는 것 같았다. 그러다가 암놈은 다시는 보이지 않고 새끼 두 마리만 가끔 나타났다. 새끼 한 마리는 어미를 닮았는지 까망이를 닮았는지 까맣고 다른 한 마리는 얼굴까지 얼룩이를 닮았다. 많은 날이 지났지만 암놈은 어디서 죽었는지 보이지 않았다. 어미가 없으니 귀여운 새끼들이 더 불쌍하고 예뻐 보인다. 새끼 두 마리는 우리 집 잔디마당이 전용놀이터다, 바위에 올라갔다가 나무 뒤에 숨었다가 서로 안고 뒹굴거나 숨바꼭질하는 모습은 또 하나의 즐거움이다. 얼룩이는 새끼들이 밥을 먹을 때 옆에서 지키고 있다. 틀림없는 자기 새끼다. 까망이가 밥을 먹으면 새끼들은 도망을 가고 숨기도 하니 아마도 자기 새끼가 아니라서 겁을 주나 보다. 어제 시장 가서 생선을 다듬고 나서 머리며 아가미 내장까지 잘게 썰었다.

우리 집에 오는 고양이들은 날것보다 익힌 것을 좋아해서 끓여서 먹기 좋게 만들어 고양이 밥그릇에 가득 부어놓고 돌아서다가 신발이 미끄러워서 그만 나뒹굴었다. 엉덩방아를 찧었지만 다행히 다치지는 않아서 일어나 보니 까망이도 놀랐는지 밥 먹을 생각도 않고 눈이 동그랗게 크게 뜨고서 나를 한참이나 보고 있다. 속으로 밥 주는 사람이라고 걱정했나 아니면 처음 보는 일이라 놀랐나? 밥도 먹을 생각도 않고 빤히 보는 고양이를 보니 웃음이 나온다. 고양이가 여러 마리가 왔다 갔다 하니까 밥을 못 먹는 고양이도 있는데 밥그릇이 비어 있는 것을 보고 돌아가는 모습은 애처롭다. 내가 먹을 것을 가지고 가면서 부르면 도망을 갔다가 다시 온다. 주는 밥만 먹고 야행성을 잃어버리면 나중에 내가 어디 가고 집에 없을 때 굶지 않을까 걱정했는데 어느 날 보니 고양이 밥을 몰래 먹는 새도 죽이고 쥐나 뱀도 내가 볼 수 있는 장소에 죽여서 갖다 놓기도 한다. 밤마다 집을 돌아다니는지 밖에 물건을 진열해 두면 밤사이에 망가트려 놓고 소리가 나서 보면 진열된 물건을 발로 차면서 가지고 놀기까지 한다. 나를 보면 그 자리에서 뒹굴어서 애교도 떨고 내가 무슨 말을 하면 눈을 지그시 감고 듣는 척도 한다. 동물과 사람이 말이 통한다면 좋을 것 같다. 그러면 따뜻할 때 먹기 좋을 때 음식을 줄 수가 있다. 오는 시간이 일정하지 않고 어떤 때는 오지 않아서 여름에는 밥이 쉬거나 겨울에는 얼기 때문이다. 언니는 매일같이 길고양이 밥을 몇 년째 주고 있다. 집에도 고양이를 2마리를 키우고 있지만 길고양이들이 불쌍해서 먹이 주기를 빠질 수 없다고 한다. 시간에 맞추어서 그 시간이 되면 고양이들이 언니를 기다리고 있고 어떤 때는 새끼고양이들까지 데리고 나왔고 또 그 새끼가 어미가 되어서도 기다리고 그래서 고양이가 처음에는 4마리였는데 이제는 열 마리도 넘는다고 했다. 하루도 고양이 걱정을 안 하는 날이 없다.

요즘 같이 추운 날에는 얼어 죽을까 걱정한다. 천사가 따로 없다. 방송에서도 자기 몸이 아프면서도 고양이를 돌보고 고양이 때문에 자식도 안 보고 사는 사람도 있었다. 사랑과 애정 책임감 등등 다 보태도 모자란다. 우리 집에도 오다가 아주 안 보이는 녀석도 있고 또 새로 온 녀석도 있다. 이제는 고양이들이 가족 같다. 까망이가 안 보이면 죽었는지 걱정이고 날씨가 추우면 지내기 힘들겠다고 걱정된다.

행복한 밭 매기

벌써 3월 중순이 지나고 있다. 3월 16일 아침 일출이 6시 36분이고 저녁 일몰이 6시 36분이다. 사람들은 어떻게 계절과 시간을 이렇게 잘 맞추었을까? 참으로 신기하다.

하지에는 낮이 길고 동지에는 밤이 길고 해마다 하루 정도 차이는 있으나 절기마다 변함이 없다. 봄날이라 집이 오히려 서늘하고 춥다. 햇볕이 얼마나 따뜻한지 오랜만에 미세먼지도 없이 미뤄두었던 밭에 잡초라도 뽑아야겠다고 호미를 챙겨 텃밭으로 갔다.

무릎이 안 좋아 받침대에 앉아 차근차근 풀을 뽑았다. 콩을 고르듯이 수를 놓듯이 급할 것도 없고 다른 할일도 없는 차에 참으로 한가로이 봄볕을 쬐이며 잡초를 하나하나 제거해 나갔다.

이제 올라오는 풀들이라 뿌리도 약하고 흙도 많이 묻지도 않아 뽑기도 쉽다. 손끝에서 딸려 나오는 풀들이 하나하나 뽑힐 때마다 기분이 좋다. 냉이처럼 뿌리가 깊게 들어간 것도 있지만 손끝만 스쳐도 뽑히는 풀도 있다. 시금치며 유채며 상추까지 나의 손길을 기다려온 듯 반갑게 맞이해 준다. 냉이를 뽑을 때 냉이향이 나고 쑥이나 방아나 모든 어린 풀들이 자신만이 가지고 있는 향을 발산한다. 봄의 상큼한 초록향이 내 기분을 편하게 했다. 집안을 깨끗이 청소한 것과 또 빨래를 깨끗하게 빨아 말려 하나하나 차곡차곡 개 놓는 것처럼 기분 좋고 행복한 일들이 환경과 여유에 따라 참 많기도 하다. 풀을 뽑으면서 이렇게 상쾌하고 행복을 느낄 줄 몰랐다. 우리 친정어머니는 논이나 밭이나 일이 손에서 떠나지를 않았는데 어머니도 가끔은 밭에 풀을 뽑으면서 지금의 나 같은 생각을 하셨을까? 언제나 일이 많아 마음에 여유가 없어 힘들다고만 생각하지나 않으셨는지… 그래도 가끔은 일을 하면서도 즐겁고 행복한 마음도 있었을 것이라 믿어본다. 등에 내리쬐는 따사로운 햇볕과 호미 끝에 뽑히는 작은 풀들과 시금치나 상추 같은 채소들이 풀들에게 영양을 뺏기지 않고 자유롭게 클 수 있겠다는 마음에 행복감마저 든다.

밭을 가꾼다는 건 내 마음을 정돈하고 가꾼다는 느낌이다. 감당이 안 될 정도로 일이 많다면 힘들겠지만 감당할 수 있는 일이라면 기분까지 좋아지는 약이다. 작물에 물이 필요한지 아닌지도 알게 되고 밭을 가꾸다 보면 겉으로 보아서 알 수 없는 채소들의 건강상태도 알게 된다. 풀을 다 뽑고 물 조리개로 물을 받아 마음껏 뿌려주었다. 나무나 꽃과 텃밭까지 가꾸는 재미를 준 신께 감사한다. 정원 잔디마당에도 매일같이 풀을 뽑는다. 텃밭과 달리 잔디 속에 가끔 보이는 잡풀을 호미를 찍어 낼 때 마다 상쾌하다고 해야 하나 잡풀 없이 깨끗하고 폭신한 촉감은 잠깐 누워 뒹굴어도 좋다. 아름다운 잔디정원을 유지하려면 잡풀은 제거되어야 한다. 잔디 외에 풀들은 매일같이 뽑아도 자고 나면 새로운 풀들이 그 자리를 차지하고 있다. 그래서 나는 잔디정원을 거닐면서도 풀이 있나 없나를 관찰하고 제거한다. "멀리서 보면 잔디밭 가까이 보면 잡초 밭"이라는 말이 있지만 손질을 하지 않고 내버려두면 아마도 잔디밭이 아니라 잡풀들이 무성한 풀밭이 되겠지.

큰언니 작은언니

세종에 사시는 큰언니가 전화로 우리 집에 오시겠단다. 그러면서 작은언니도 만났으면 좋겠다고 했다. 작은언니는 부산에 살고 나는 진주에 살고 자기 생활들이 있기 때문에 특별한 일이 있지 않으면 잘 만나지 못한다. 큰언니와 작은언니에게 전화로 진주 버스터미널에서 만나기로 했다. 남편과 같이 언니가 오시는 시간을 맞추어 마중을 나갔다. 작은언니는 벌써 도착해서 진주관광을 하고 왔고 때마침 큰언니는 무거운 짐을 들고 차에서 내렸다. 한번 오기도 힘들지만 세종은 가는 버스가 하루에 두 번이다. 아침에 한 번 오후에 한 번 그래서 차표를 미리 끊어 놓지 않으면 차를 탈 수가 없어 언제 가시느냐고 물었더니 두 밤은 자고 간다고 한다. 그래서 큰언니 차표를 이틀 후로 끊고 작은언니는 부산이니까 시간마다 있어 끊지 않았다. 차를 타고 집으로 오는데 큰언니는 어머니 산소를 한

번 찾아뵙고 싶어 오셨다고 했다.

그래서 내가 오늘 어머니 기일이라고 하자 깜짝 놀란다. 어머니 기일은 벌써 지난 줄 알았고 문득 갑자기 가고 싶은 생각이 났다고 했다. 그래서 딸 방에 가서 테이프를 훑어보는데 "김실이"라고 쓰인 글자가 눈에 들어와 우리 집에서 틀어 보고자 가지고 왔단다. 큰언니는 현관에서 마루로 올라서면서 하는 말이 "나는 여기가 편하더라." 말한다. 꼭 엄마가 말하는 것 같았다. 아마도 엄마가 언니와 같이 오셨다고 속으로 생각했다. 왜냐하면 어머니 기일인지 몰랐고 또 작은언니가 평생 알고 싶은 내용들이 큰언니가 가지고 온 테이프에 다 있었으니까. 학교 선생님을 지낸 작은언니는 자신의 어린 시절 6 · 25전쟁이 났을 때 다섯 살이었는데 그때 있었던 사실들을 몹시도 알고 싶어 했다. 사실 나에게도 어머니가 남긴 테이프가 있었는데 한 번도 틀어 볼 생각도 않고 잘 보관만 하고 있었다. 이번에 큰언니가 가지고온 테이프도 틀고 내가 가지고 있던 테이프도 같이 틀었다. 이번 테이프는 어머니가 작은언니에게 알려 주려고 큰언니가 테이프를 가지고 왔다는 생각이다. 작은언니는 토막토막 끊어진 기억들로 가슴앓이를 할 정도였는데 큰언니가 가지고 테이프에서 어머니의 자서전 같은 지나온 역사가 생생하게 들려온다. 물론 6 · 25사변을 겪은 날 작은 언니가 그토록 알고 싶었던 일들을 어머니는 말씀을 하고 계셨다. 그리고 마지막에는 자식들이 모두 화목하게 잘 살기를 바란다는 것이다. 작은언니는 자기가 궁금했던 것이 다 해소되었다며 환하게 웃는다. 어머니는 온갖 고생을 하시면서 4남매를 대학까지 보내신 분이다. 우리 자매는 노는 것을 보지 못하고 일만 하신 어머니를 보고 자랐다. 그래서 그런지 큰언니나 작은언니나 나나 모두 일을 좋아하고 노는 것에는 취미가 없다. 어머니를 닮아 부지런 하고 성실하다.

나에게는 어머니가 간직했던 사진첩과 살아계실 때 읽었던 불경책이 있다. 지금도 매일같이 어머니의 손때가 묻은 불경 책으로 기도를 드린다. 이제 큰언니는 80을 바라보고 작은언니와 나는 70이 넘었다. 우리들도 언제 떠날지 알 수도 없고 어머니의 사진도 내가 죽고 나면 볼 사람도 없으니 우리 세 자매가 이렇게 모였을 때 정리를 하자고 어머니앨범을 꺼내놓았다. 어머니는 할머니와 형제들, 친척들, 우리들의 어릴 때, 학교 다닐 때, 결혼할 때, 그리고 손주들의 사진과 동네사람들까지 우리들이 옛날에 알고 있었던 돌아가신 많은 사람들이 어머니의 앨범 속에서 정답게 웃고 있었다. 언니들은 사진 속에 인물들을 알아보고 그때 일들을 이야기한다. 그리고 자신들의 사진은 다 챙겼다. 어머니는 자신이 죽고 나면 태워버리라고 했지만 나는 내가 본다고 말했었다. 내가 죽고 나면 엄마를 기억하는 사람이 몇이나 될까 이리저리 굴러다닐까 봐 내가 살아생전에 태워버릴 생각이다. 사진밖에 남는 것이 없다고 여행을 할 때마다 곳곳에서 찍은 내 사진도 너무 많아 기념될 것 몇 개만 남겨놓고 태워버리고 갈 생각이다. 큰언니는 산소에 쓸 제물을 가지고 왔기에 다음날 큰언니가 준비해 온 음식으로 어머니 산소에서 절을 올렸다. 그리고 술도 한잔 음복하고 마음 가볍게 집으로 돌아왔다. 남편은 이렇게 모이기도 어려운데 작은 형부를 부르자고 했다. 작은언니가 형부에게 전화를 걸어서 오시라고 했는데 방송에서 강풍과 폭우가 쏟아진다고 조심하라고 한다. 우리는 놀라서 빗길에 운전하며 오기에는 위험하다고 작은 형부에게 오시지 말라고 전화를 다시 했다. 작은형부도 방송을 보고 마음이 내키지 않았다고 한다. 저녁에 남편은 노래방기계를 틀어놓고 모두 노래를 불렀다. 친정어머니는 목소리가 좋아 노래를 잘 불렀는데 언니들 역시 어머니를 닮아 노래를 잘 부른다. 대부분 옛날 유행가였지만 그 시절에는 유명한 노래들이다. 춤을 되는 대로 추면서 목이 터져라 노래를 불렀다. 작은언니는 다리가 좀 아팠는데 아픈 것을 잊어버리고 신나게 춤을 춘다. 강풍과 폭우가 온다더니 날씨는 조용했고 어머니가 좋아했던 노래까지 다 불렀던 것 같다. 밤새 큰언니와 작은언니 그리고 나까지 밤을 새다시피 옛날 어릴 때 이야기를 나누었다. 아마도 작은형부가 오셨으면 세 자매가 마음 터놓고 이야기를 못했을 수도 있다. 폭우가 온다고 형부를 말린 것이 어머니였을까? 다음날 버스터미널에서 잘 쉬었다 간다고 큰언니는 세종시 가는 버스에 작은언니는 부산가는 버스에 올랐다. 시인인 큰언니는 집에 가자마자 우리 세 자매가 이야기하고 노래 부른 것이 귀에 맴돌아 지으셨단다. 〈봄날을 간다.〉 곡에 "강 언덕 쑥내음 봄바람에 하늘 끝까지 오늘도 내 삶에 그림자가 노을 속 사라지는 눈물이었소. 안개같이 배어드는 도란도란 그 목소리 아쉬운 추억 속에 봄날은 간다." 작은언니와 나는 큰언니가 지은 노랫말로 노래를 계속 불렀다. 다시 한 번 우리 눈에는 보이지 않지만 어머니는 자식들을 걱정하고 보호하며 사랑한다는 것을 새삼 느낀다.

크루즈 여행

딸이 마련해준 크루즈 여행을 가기 위해 서울로 갔다. 송도항에서 배가 떠난다고 송도로 오라고 했는데 지하철을 잘 못 타는 바람에 하마터면 배를 타지 못할 뻔했다. 나이도 있고 무릎도 안 좋아 이제 여행은 그만 다녀야겠다고 생각했다. 그러나 방송에서 크루즈 여행을 하는 모습을 보면서 배를 타면 느낌이 어떨까 했는데 나에게 이런 행운이 올 줄이야 마음이 약간 들떴다.

승객만 2500명에 직원만 1100명이니 참으로 많은 사람이 타고 있다. 코스타 세레나라고 이탈리아 여객선인데 세계적으로 15척이나 있고 인원이 5천명이 넘는 더 큰 배도 2개나 된단다. 바다에 떠 있는 배라서 만일에 경우 재난이 있을 시를 대비해 구명조끼를 입고 대피훈련을 받고서야 배정받은 방에서 마음 놓고 쉴 수 있었다. 바다 위에 섬이라고 해야 하나 배 위에서 모든 것을 다 즐길 수 있다. 식당도 세 군데인데 뷔페식도 있고 정식도 있고 또 돈을 내고 특별 요리도 먹고 야간 스낵바까지 먹는 즐거움을 누릴 수 있는 곳이다. 안내책자에 한복과 예복 또는 정장을 가지고 와서 분위기를 내보라는 글이 있고 선내 수영장에서 수영을 즐기라고 수영복도 챙겨오라고 적혀 있었다. 배를 타고서야 이유를 알았다. 저녁에 정식을 먹을 때가 두 번 있었는데 그때 사람들이 한복을 우아하게 차려입고 멋진 정장을 하고 드레스로 자신을 과시한 사람들이 여럿 있었다. 나는 되도록이면 짐은 간편하게 꾸려야 한다고 생각하고 있었는데 한복까지 챙길 수 있는 여유가 대단해 보인다. 고기며 해산물이며 죽이나 스프, 그리고 여러 과일이며 각가지 차나 음료수 아이스크림까지 없는 것이 없을 정도로 먹을 것이 항시 풍부했다. 게임이나 도박도 하고 사교댄스도 가르쳐 주어서 춤을 못 추는 나도 따라서 배울 정도다. 음악 공연이나 매직쇼나 시네마, 노래방, 패션쇼 등 또 보석부터 고가제품을 파는 매장까지 운동이나 수영 사우나, 선내 숍에서는 마사지 등 배 안에서 사람들이 무료하지 않게 즐길 수 있는 다양한 볼거리들을 마련해서 신경 쓴 마음이 보였다. 침실도 식사하고 오면 깨끗이 정리정돈되어 있다. 방으로 들어서면 침대 위에 수건으로 코끼리나 오리 같은 모양을 만들어 놓아서 기분 좋게 만들어 준다. 손님에게 잘해주려는 직원들은 정성이 마음에 와 닿는다. 창밖을 내다보면 깜깜한 밤에도 배는 소리 없이 물살을 가르며 달린다. 다음날 아침에 상해다. 상해는 대한민국 임시

정부가 있는 곳이라 모두 줄을 서서 관람을 했다. 남의 땅에서 이렇게 좁은 곳에 임시정부 세우고 수많은 독립투사들이 나라를 위해 싸우다 생을 마쳤다. 오늘날 우리나라가 세계적으로 잘살 수 있는 것은 선조들의 거룩한 희생 덕분이다. 그리고 중국의 왕궁들을 관람했다. 오래된 역사를 시대별로 잘 알아볼 수 있게 배열을 해놓아서 이해할 수 있었고 전설 같은 이야기들이 왕궁에 역사를 흥미롭게 만들어 주고 있었다. 오래된 특이한 나무며 수석들이 괴기하고 연못마다 커다란 꽃 같은 잉어들이 떼로 몰려다닌다. 하루 만에 보기에는 너무 짧지만 배로 돌아와야만 했다. 망망대해라 사방을 둘러보아도 바다밖에 없다. 끝도 보이지 않고 공해상이라 외부에 통신도 되지 않는다. 보이는 것은 푸른 파도가 넘실되고 작은 배들이 버들잎처럼 지나갈 뿐이다. 이 세상과 저세상처럼 다른 세계에 있는 것 같다. 그래서 아! 사람이 죽으면 어쩔 수가 없구나. 보고 싶다고 갈 수도 없고 도와주고 싶어도 할 수도 없고 너무나 무력해 보인다. 출렁이는 파도와 물결과 멀리보이는 수평선만 보인다. 나는 크루즈를 탈 때 조그만 어머니 사진을 지갑 속에 넣어 갔었다. 유럽도 중국도 일본도 다 가봤지만 산같이 큰 배를 타보는 것은 아무나 할 수 없을 것 같아 어머니 사진을 꺼내서 바다를 보여드렸다. 영혼이라도 보시면 좋아하실까? 이런 모든 것들이 다 나의 만족감이 아닐까? 먹고 자고 공연도 보고 이리저리 다니며 구경을 해도 배 안이 전부다. 할 일도 없고 하는 일도 없고 모든 것이 풍족해도 우울증에 걸릴 수도 있겠다 싶다. 아무리 먹고 싶은 것 다 먹고 놀 수 있는 것이 있다 해도 무료하고 재미가 없다. 만일 이것이 천국이라면 재미가 없어서 천국에 가고 싶지 않다. 어떤 사람이 죽어서 먹을 것도 풍부하고 놀기만 하고 할 일은 없어서 그곳을 관장하는 사람에게 나는 이곳 천국이 싫다고 차라리 지옥으로 보내 달라고 했더니 이곳이 지옥이라고 말했다는 말이 있다. 그래서 사람은 적당히 할 일이 있어야 한다는 생각이다. 빨리 집에 가서 풀도 뽑고 씨도 뿌리고 부지런히 일을 하는 것이 행복이라는 것을 새삼 느낀다. 다음날 일본 후쿠오카에 도착했다. 우리나라에서 한창 인기 있는 가수가 저녁공연을 한다고 사람들이 저녁을 일찍 먹고 서로 앞자리를 차지하겠다고 줄을 섰다. 사람들이 너무 많이 몰려 줄 끝이 안 보인다. 무슨 일인지 줄을 서 있던 여자가 무슨 일에 기분이 나빠져서 남편에게 화를 내고 가버리자 남편은 "여보 내가 뭘 잘 못했어?" 하며 뒤쫓아 간다. 섬세한 여자 마음을 남자가 어떻게 알까? 사람들은 큰일도 아닌데 돌아보면 아주 작은 일에 후회할 일을 만든다. 크루즈에서 제일 큰 대극장 안을 많은 사람들이 빈틈없이 메웠다. 잘생긴 가수가 무대에 등장하자 아주머니들이 함성을 지른다. 가수가 여러분들을 만나기 위해 일본을 왔고 새 양복을 맞추어 입었다고 하자 또 환호가 터졌다. 인기 있는 아이돌 가수들이 방송국에 도착하면 소녀들이 가수들 얼굴 한번 보려고 밤을 세워가며 기다리는 것처럼 이 가수도 아주머니들에게 인기가 많다. 새 양복을 입고 춤추며 노래하니 땀을 많이 흘린다. 무대 앞에 앉은 아주머니 한 분이 손수건을 내밀며 여기에 땀을 닦아 달라고 하자 모두가 박수치며 난리다. 좋아하는 마음은 나이와 상관이 없다. 상대의 어느 모습에 한번 필이 꽂히면 다른 아무것도 보이지 않고 오로지 그 사람만 보인다. 그래서 사람들은 그 눈에 안경이라는 말을 쓴다.
다음날 일본에서 우리나라 절과 같은 신사를 둘러보고 면세점에서 자식들 나누어줄 선물을 사고 부산항에 내렸다. 5박 6일의 여행을 끝내고 빨리 돌아가고 싶은 집으로 와서는 놀면서 대접받고 먹고 싶은 음식 마음껏 먹었던 크루즈 여행이 아쉽고 또 그립다. 크루즈 여행 동안 이곳에 비가 많이 왔다고 하더니 집을 떠날 때 봉우리만 있던 꽃들이 만개해 있다.

어디로 가는가?

얼마 전까지 웃으며 이야기를 나누었던 사촌 형님이 폐암으로 돌아가셨다. 처음에는 본인이나 가족들도 요즘 같이 의술이 발달했으니 폐암을 고칠 수 있다고 믿고 있었다. 그리고 다른 사람은 죽어도 나는 괜찮을 것이라 믿고 방사선 치료도 적극적이었다. 우리가 병문안을 했을 때도 웃으며 맞이했다. 어떤 돈을 들더라도 살고 싶어 했다. 그리고 병이 나으면 일한다고 한 번도 가지 못했던 가족 여행도 꼭 가고 싶다고 했다. 하루하루 일어서기도 힘든 날들이 계속되고 그러다가 말도 못하다가 다시는 돌아오지 못할 세상으로 가버렸다. 마지막에는 정신을 놓은 탓에 유언도 하지 못했다. 남은 자식들 중에도 자기 욕심만 채우는 사람이 있다 보니 집안이 편할 날이 없고 재산분쟁으로 서로 원수가 되어있다.

친한 친구에게서 전화가 왔다. 어머니가 돌아가셨다고 한다. 나는 다른 친구들과 같이 장례식장을 찾았다. 친구 어머니는 10년 넘게 뇌졸중으로 병원생활을 했다. 아버지도 일찍 돌아가시고 어머니 혼자서 칠남매를 잘 키웠다. 형제들은 돌아가면서 어머니를 간호했고 어머니를 중심으로 우애가 남달랐다. 어머니는 평소에 너무도 자상하고 인정이 많아 나까지 딸처럼 대해 주신 분이다. 참으로 긴 세월 병석에 있어 자식들이 고생했겠다. 이제 자유로운 영혼으로 편히 극락왕생하기를 기도한다.

친구는 우리들에게 휴대폰으로 찍은 어머니의 마지막 모습을 보여주었다. 나는 어머니 모습이 그냥 환자 같은 모습인가 했는데 그렇지 않았다. 머리는 하얀 백발로 단발머리고 뼈만 남은 앙상한 얼굴에 예쁜 화장을 한 모습은 나무 인형 같았다. 친구는 그런 어머니 모습을 보면서 이제는 좋은 것도 보여드릴 수 없고 하소연할 곳도 없네. 어머니가 내 마음속에 버팀목이었는데 형제들도 어머니가 있어 한데 뭉칠 수 있었고 나에게는 보살 같은 분이셨다면서 울먹인다. 어머니는 어떤 모습을 하고 있어도 남이 보기에는 예쁘지 않았겠지만 자식들 눈에는 한없는 인자함과 자애로운 어머니 모습만 보였겠다. 병상에 그렇게 오래 계시면서도 자식이나 손자들에게 늘 따뜻하게 잘 대해 주셨기에 외국에 있는 손자들도 할머니가 돌아가셨다는 소식을 듣자 마자 급히 돌아오고 멀리 살던 자식들도 가족들을 데리고 왔다. 그것은 어머니가 중간에서 중심을 잘 잡고 자식을 대했기 때문이다. 죽으면 어디로 갈까? 육신은 여기다

버려두고 영혼은 또 어디로 갈까?

버스로 사천에 내리니 남편이 마중을 나와 있다. 언제나 나를 자상스럽게 보살펴 주는 남편이 고맙다. 오늘은 살았지만 내일은 어떻게 될지 아무도 모른다.

아랫집 할머니가 일 년 전에 이사를 갔는데 오늘 뜻밖에 돌아가셨다는 소식을 들었다. 너무 깔끔해서 집에 가보면 살림살이는 언제나 윤이 반지르르하게 빛이 나고 알뜰하게 야무진 할머니였다. 할머니가 사셨던 그 집에 자꾸만 눈길이 갔다. 할머니가 없는 빈집에는 잡초들이 마당을 다 차지했고 키가 큰 풀들이 담장 밖에 고개를 내밀고 오가는 사람들에게 폐가라고 말해 주고 있다. 주인도 없는 집도 그렇게 빛나던 살림살이도 모두가 쓰레기처럼 허물어져 간다. 주위에서 죽는 사람들이 너무 많다. 목숨 걸고 살아왔던 모든 것들을 남겨두고 육신은 이곳에 영혼은 또 어디로 가는가? 사람들은 죽는 것을 돌아 가셨다고 한다. 이 세상에 태어나기 전 세상으로 다시 돌아가셨다는 뜻이기도 하다.

그곳에서 잘 있니?

이제 갓 젖을 뗀 시추 종인 쫑아를 내 생일 선물로 받았다. 어린 아이가 없어서 그런지 우리 가족들은 작고 귀여운 쫑아에게 온 마음을 빼앗겨 버렸다. 가족들이 냄새나는 양말을 벗으면 물어서 자기 집에 숨겨놓고 양말을 집으려고 하면 으르렁거리며 장난도 치고 집에 우리 가족이 있고 초인종 소리가 나면 집을 지키는 것을 보여준다고 큰소리로 짖어대고 집에 아무도 없으면 보이지 않는 곳에 숨어서 소리 한번 내지 않다가 우리가 부르면 그때야 반갑다고 꼬리 치고 뛰어오른다. 남편은 아침마다 쫑아를 데리고 산책을 나가고 밖에 갔다 오면 목욕을 시킨다. 집에 사람이 있을 때는 대소변도 가리고 사람이 없을 때는 자기 기분 내키는 대로 여기저기 대소변이다. 장롱 한쪽이 쫑아 소변으로 썩기까지 했다. 너무 귀엽고 예뻐서 보고만 있어도 사랑이 샘솟는다. 쫑아는 우리 집에 비타민이고 피로회복제라고 할 만큼 없어서는 안 될 존재였다. 아는 집에서 개 사료가 많다고 주었는데 아무 의심 없이 쫑아에게 먹인 일이다. 나중에 안 일이지만 개 사료는 여름철 습기로 눈에는 보이지 않지만 곰팡이가 피게 되고 독성이 생겨서 신장염으로 많이 죽는다고 했다. 신장이 망가지면 턱뼈가 약해지고 음식을 씹지 못한다는 것을 쫑아가 떠나고 난 뒤에 방송을 통해서 알게 되었다. 그런 사실을 전혀 몰랐던 나는 쫑아가 갑자기 피오줌을 누는 바람에 동물병원에 안고 갔다. 수의사는 방광염이라고 해서 치료를 받았는데 여전히 음식을 먹지 못한다. 음식을 씹지 못한다고 하자 치아검사를 하더니 이도 튼튼하다며 아무 이상이 없다는 것이다. 입맛 도는 영양제를 맞아도 아무 진전이 없어 더 큰 병원에 갔더니 치석이 있어 밥을 못 먹는다고 스케일링을 해야 한다고 스케일링을 했다. 사람이 치과에서 받는 값보다 두 배는 비싸다.

그때 할아버지 한 분이 죽은 애완견을 작은 포대기에 싸가지고 와서 돈까지 10만 원을 준다. 할아버지는 아직도 목이 메는지 12년 동안 같이 살았고 가족들과 작별인사를 하고 죽었다면서 화장해 달라고 부탁한다. 할아버지가 가고 난 뒤 의사는 검은 비닐봉지에 애완견을 넣어둔다. 그리고 쫑아를 여기저기 청진기를 대고 살펴보더니 적당히 운동시켜 배고프게 하면 다 먹게 되어 있다고 한다. 의사 말이 정답인 줄 알고 아파서 기운도 없는 쫑아를 운동시킨다고 데리고 나갔는데 가다가 주저앉는다. 지금 생각하면 기력을 아껴야 하는데 무슨 그런 엉터리의사가 있는지 분하기도 하고 억울하기도 하다. 집에서는 멀지만 서울대 수의학과가 있는 병원으로 갔다. 쫑아가 먹지 못한다고 하니까 X-레이와 초음파로 알아낸 결과가 신장이 망가져서 신부전증으로 혈액을 투석해야 한단다. 살릴 방법은 없지만 치료를 일주일에서 몇 달은 해야 한다는 것이다. 살릴 수 없으면 집에서 편하게 해주겠다고 했더니 그럼 포기하는 거냐고 한다. 결국 입원을 시키기로 했다.

많은 사람들이 애완동물을 데리고 와서 줄을 서있다. 관절염으로 걷지 못하는 개, 눈이 실명되어 온 고양이, 원인모를 피부병을 앓고 있는 개, 갖가지 병을 치료받기 위해서 근심이 가득한 얼굴로 차례를 기다린다. 의사가 신장염에 먹는 사료가 있다고 나보고 사오라고 한다. 두 캔을 들고 쫑아를 먹여 보았지만 먹지 않았다. 한 번도 떼어 놓은 적이 없었던 쫑아는 커다란 두 눈이 두려움으로 혼이 나가 버린 것 같이 떨고 있었다. 발걸음이 도저히 떨어지지 않았다. 옆 철장 속에는 작고 예쁜 말티즈 종이 입원해 있었다. 귀 털을 분홍색으로 물들인 것으로 봐서 주인의 귀여움을 받았겠지만 이미 체념을 했는지 기운도 없어 보이고 살 가망도 없어 보인다. 주인의 사랑을 받다가 헤어지게 되면 주인에게 버림받은 줄 알고 상심해서 죽는 개들도 있다고 들었다. 우리 쫑아도 견딜 수 있을까? 그래도 우리나라에서 제일 실력이 있는 곳이니까 아마도 살 길이 있을 것이다. 그날 저녁 딸이 퇴근하면서 쫑아가 있는 병원에 보러갔다.

딸을 본 쫑아가 울었고 딸도 울었는데 병원 밖까지 쫑아의 우는 소리가 들려서 발길이 떨어지지 않았다고 했다. 나 역시 쫑아 걱정에 잠을 자지 못했다. 다음날 일찍 남편과 같이 병원에 갔더니 쫑아가 이상한 기계를 달고 있었다. 왜 그런가 물었더니 밤에 체온이 고열이어서 위험해서 응급실로 옮겼단다. 하룻밤 사이에 쫑아는 초주검이 되어 있었다. 나를 보더니 눈빛이 살아난다. 병원 뒤쪽 동산에 죽은 동물들을 추모하는 비석이 서있는데 그동안 얼마나 많은 동물들이 애처롭게 죽어갔는지 짐작하고도 남는다. 너무 가슴이 아프다. 여리고 가녀린 녀석을 가슴에 안으니 그때야 안심이 되는지 눈동자가 제대로 돌아왔다.

하루 입원비는 의료보험도 되지 않아 백만 원도 더 넘었다. 코끝과 눈 위쪽도 털이 빠지고 윤기가 없다. 차라리 집에 편하게 있는 것이 쫑아한테는 나을 것 같았다. 신장에 좋다는 캔을 사가지고 집에 왔는데 여전히 먹지를 못한다. 항상 일보던 곳으로 가서 용변을 보려고 해도 기운이 없어 비틀거린다. 먹은 것이 없으니 힘을 주어도 나오지 않으니까 주저앉아버린다. 내가 관장을 해주었더니 까만 응아를 조금 하고는 누웠다. 계란프라이를 입에 넣어주었더니 조금 먹더니 그다음부터는 아무것도 먹지 않는다. 나는 쫑아가 아프고 난 뒤 매일같이 천수경, 금강경을 외우며 쫑아가 낫기를 기도했었다. 이제 쫑아가 떠나려고 한다. 우리 가족은 돌아가며 안아주며 작별인사를 했다. 널 어찌 보낼 수 있나! 7년을 함께 보낸 세월을 뒤로하고 쫑아는 조용히 숨을 거두었다. 목이 메이고 눈물은 계속 흘러내렸다. 쫑아를 따뜻하고 조용한 곳에 묻어주고 다음에 잘 찾을 수 있게 단풍나무 한 그루를 심어놓았다. 둘러보면 어디선가 뛰어나올 것 같고 너무 보고 싶어 차라리 따라죽고 싶다는 생각이 들었다. 우리가 너를 보살핀다고 생각했었는데 우리 가족들이 하나같이 너한테 도리어 위로를 받았고 의지했었나 보다. 너의 빈자리가 우리 가족들을 공허하게 만들고 있다. 슬픔이 언제까지 갈지 모른다. 남편은 쫑아를 잊지 못해 100호짜리 캠퍼스에 유화로 보살님을 그리고 보살님 발아래 쫑아를 그려 넣었다.

쫑아가 가고 5년이라는 세월이 흘렀지만 그때 심었던 단풍나무는 건강하게 자라서 내가 가면 반갑다고 꼬리치는 쫑아처럼 단풍나무 잎들이 두 손을 활짝 펴고 바람에 살랑살랑 흔들고 있다. 그곳에서 잘 있니? 우리 다음에 만날 때까지 잘 지내라. 사랑한다. 쫑아!

화원

염원했던 집을 짓고 미술관과 차고, 약샘으로 올라가는 길, 집 주위를 한 바퀴 돌아 올 수 있는 둘레길까지 남편은 그동안 많은 일을 했다. 그리고 미술관으로 들어가는 길이 어두워서 방범등을 달아 달라고 군君에 부탁도 했다. 사실 방범등은 국가 세금이므로 아무나 달아주지 않는다. 심지어 어떤 분은 집을 가는데 골목길이 어두워서 다쳤다며 방범등이 꼭 있어야 한다고 민원을 넣어도 잘 되지 않았다고 한다. 우리 집은 산자락 끝에 있고 우리 집 위에는 집이 없다. 그래서 밤에 나가기가 무섭고 사방이 어두워서 꼭 무엇이 튀어 나올 것 같아 무서웠다. 고맙게도 군에서 나와 약샘까지 길과 미술관 입구 등을 참조해서 방범등을 달아주셨다. 밤에는 볼 수 없었던 언덕에 소나무도 불이 밝으니 볼 수 있고 미술관으로 올라가는 계단도 더듬거리며 올라갔는데 희미하나마 볼 수 있다. 미술관 마당까지 들어오는 산돼지나 노루도 불빛을 보고 오지 않았으면 좋겠다. 보이지 않으면 두렵고 보이면 마음을 안정을 시켜준다. 추석이 다가와도 전 세계에 코로나라는 전염병 때문에 여행을 자제해 달라고 방송마다 부탁이다. 해마다 아들 둘이 와서 성묘를 해주고 갔었다. 방송에서도 여행이나 이동을 삼가 달라고 했고 또 직장 다니는 아들들이 밤에 왔다가 다음날 벌초하고 바로 서울로 가야 한다는 것이 부모 마음에 힘들겠다 싶어 남편 혼자 벌초를 하기로 마음먹었다. 종가집이지만 우리 집안에서 공동으로 벌초할 산소가 모두 11기다. 남편은 나라도 하는 데까지 해보자고 선영에 들어섰다. 잡초들이 내 키를 넘어있다. 산딸기며 두릅이며 아까시, 억새풀들이 차지해서 길도 없고 들어갈 수조차 없어 엄두도 내지 못하겠다. 그러니까 벌초대행에서 묘소 한 기에 십만 원을 받아도 이해가 된다. 차근차근 남편은 있는 힘을 다해서 무거운 예초기를 짊어지고 부지런히 풀을 깎으면 나는 버려진 풀들을 끌어 모아 한 옆에 모아두었다. 남편은 벌초를 다하고 수건으로 땀을 닦으며 앞으로 누가 벌초를 할 것이며 산소를 관리하고 제사를 지낼 것인가 걱정한다. 요즘 사람들은 납골당을 많이 선호한다. 산소를 쓰려면 돈도 많이 들고 마땅한 땅도 없다. 그리고 성묘하기도 어렵고 관리 또한 힘들다. 젊은 사람들이 경제 때문에 결혼도 안 하고 자식도 안 낳고 옛날에는 제사 지낼 자식이 있어야 한다고 아들을 선호했지만 지금은 아들딸 상관없이 한 명 아니면 많아야 두 명이다. 그리고 부모를 봉양하기보다 자신들이 살고 싶은 대로 세계 어디라도 자유롭게 산다. 부모한테도 얽매이지 않은데 조상을 찾지 않을 것 같다. 무덤을 찾지 않는 사람도 생기고 또 대代가 끊어져 묘지가 형태도 없이 실묘失墓되어 있는 경우도 있다. 잘 다듬어진 묘소를 보면 자식들이 효성스럽게 느껴진다. 묘지 쓸 땅이 부족하다 보니 납골 묘를 크게 만들어 가족들이 다 같이 모시는 곳으로 만들고 있다. 깨끗하게 잘 보살피는 분은 주위에 꽃도 심고 나무를 심어 다른 천상의 세계에 와 있는 듯 꾸며 놓으신 분들도 있고 납골 묘를 만들어 산에 세워놓고 집안에서 돌아가시는 분이 있으면 차례로 봉안함을 넣어두는데 관리를 잘하지 않아 잡초 우거진 속에서 세워진 납골당이 꼭 귀신같이 보인 적이 있다. 진주 방향으로 가는 곳에 공원묘지가 있는데 산 정상에서 아래까지 전부 묘지다. 나무도 별로 없고 산을 깎아 앞산과 옆의 산도 다 묘지로 되어 있어 귀신들만 살고 있는 마을 같아 기분이 으스스했다.

우리는 납골당을 원하지 않는다. 죽으면 흙으로 돌아가야 한다는 생각이다. 집도 임자가 따로 있고 묘지도 임자가 따로 있다는 말도 있듯이 사람이 선하게 살다가 죽으면 죽어도 좋은 땅에 묻히고 악하게 살다 죽으면 나쁜 땅에 묻힌다 했다. 옛날 정승이 천하에 명당을 구해서 자신이 죽으면 들어가려고 묘지를 만들었는데 집안에 어른이 먼저 죽는 바람에 만들었던 묘지를 내어주고 자신은 좋지 않은 땅에 묻혔다는 말이 있다. 또 후손들이 본인이 원하는 장소가 아닌 곳에 묻을 수 있고 묘지를 원했는데 화장을 해서 묘지도 없이 강이나 산에 뿌려 버린 것도 있어서 죽고 나서의 일은 내가 어떻게 할 수 없는 일이다. 죽고 나서 자신의 묘지에 벌초를 안 할까봐 인조잔디를 덮어놓은 사람도 있고 대리석으로 봉분을 둥글게 만들어 묘지 위에 얹어두는 사람 등 사람들은 죽고 나서도 자신이 묻힐 묘가 걱정인가 보다. 남편 역시 죽고 나서가 걱정인 모양이다.

마지막으로 꼭 해야 할 일이 우리들이 들어갈 유택幽宅이라면서 어디에 묘지를 잘 썼다고 하면 어떤 식으로 했는지 알아보고 길 가다 잘된 묘소를 보면 합장인사 올리고 둘러본다. 풍수를 아는 남편은 여러 곳을 눈 여겨 보고 그중에서 한곳에 혈穴이 맺힌 땅을 골랐다. 약샘에 올라가다 보면 산에 기맥이 내려오면서 멈춘 곳이고 또 햇볕이 잘 들어 느낌이 따뜻하다. 장소가 좋기는 하지만 그 땅이 우리 땅과 맞붙어 있는데 남의 땅이다. 우리에게는 필요한 땅이지만 그 땅 주인은 산속에 있어 농사를 지을 땅도 아니라서 별 쓸모가 없다. 어느 날 우리가 원했던 땅 주인에게서 산을 사달라고 연락이 왔다. 자기는 쓸모없지만 이곳에 사는 우리는 앞으로 산이 붙어 있으니 아무래도 필요하지 않겠느냐고 한다. 우리가 미리 말을 꺼내지 않았는데 먼저 이야기를 했다. 그러면 금액이 얼마냐 했더니 생각보다 많이 부른다. 아마도 우리가 먼저 말했으면 금액이 더 많이 불렀을 것이다. 땅을 사고 등기가 나왔다. 드디어 우리가 이 세상을 하직하고 들어갈 유택을 준비하게 되었다. 자신이 죽어서 들어갈 집이 있다는 것은 참으로 안심이 된다. 공동묘지가 아닌 경우 자기 땅이 있다고 마음대로 묘지를 쓰면 위법이다. 군청에서 산지 조성과 개발행위 신청 후 무덤을 만들 수 있는 장소인가를 허가받고 측량하고 나중에 복구와 산림조성기금까지 내야하고 토목설계를 해서 자연장은 자연장지를 허가까지 마친 후 남편의 설계에 따라 완전하게 해서 제대로 공사를 시작했다. 유택이 조성될 장소는 약샘을 가는 길목에서 약간 높은 곳에 있고 아래에서는 보이지 않으나 위에서 보면 아주 안정적이다. 아무리 선영이 있다고 하나 자주 갈 수 없는 곳이면 돌보는 것이 소홀할 수가 있다. 집과 가깝고 약샘 기도 가면서 잠깐 들를 수도 있고 또 자식들도 손자들도 있으니 대대로 이곳에 가족장을 만들어 두면 자식들도 사후 걱정은 안 하겠다는 생각이다. 그래서 우리 부부와 오른쪽에 큰아들 부부 왼쪽에 작은아들 부부 그리고 아래에는 우리 가족들 중에 후대代에 필요하면 쓸 수 있게 봉안함만 넣게끔 해놓았다. 전문가들이 성의 있게 공사를 해서 남편도 나도 그리고 자식들도 다 마음에 들어 했다. 국립묘지도 가보고 잘했다는 묘지도 봤지만 풀도 깎을 필요도 없고 더러워질 이유도 없고 어느 왕릉보다 훌륭하다. 봉분 없이 넓은 돌로 마감해서 풀도 나지 않을 것이라 세월이 흘러도 변함이 없을 것 같다. 남편은 비문에 "사랑하는 사람들아, 다음에 또 만나세, 사랑하는 아내와 함께 토산 여기에 잠들다."라고 미리 적어놓았다. 내가 원하는 곳에 영면을 할 수 있는 것 참 복이 많다는 생각이 들었다. 남편은 앞으로 이곳에 꽃을 많이 심을 것이라고 꽃화花 자를 써서 화원花園이라 불렀다. 남편은 매일 그곳에 가서 맥문동 씨도 뿌리고 영산홍도 심고 배롱나무도 심고 남천으로 울타리도 만들고 언덕에는 국화까지 옮겨 심었다. 앞으로 좋은 나무와 꽃을 심어 아름다운 화원으로 만들겠단다. 약샘으로 올라가는 길에 있는 방범등이 화원 올라가는 길까지 희미하게 비춘다.

한 상 가득

우리 집은 산골에다 넓고 조용해서 오고 싶은 사람도 많지만 한 번 온 사람은 해마다 오고 싶어 한다. 한 해에 다섯 팀이 올 때도 있다. 처음부터 이 집을 지을 때 고향에다 집을 지어 도시에서 지치고 힘든 분들에게 마음 편한 휴식처로 만들고 싶었다.

누가 봐도 집이 너무 좋다고 감탄한다, 집을 둘러싸고 있는 산의 풍경이 마음을 안정시키고 공기 역시 숲속의 향기와 함께 청정하기 때문이다. 사천에서 차로 15분 정도 걸리고 차를 가지고 와도 넓은 주차장까지 있으니 마음만 먹으면 언제든지 올수 있는 곳이다. 해마다 고구마며 옥수수며 명절 때 고기, 과자나 견과류를 보내주시는 사장님도 또 새로 결혼한 신혼 한 쌍도 그리고 친구나 친척들 시골에 필요한 물품을 보내주는 형제나 자식들까지 오지만 계속해서 오고 싶어 하는 곳이다. 집만 좋다고 오는 것보다 누가 살고 어떤 마음으로 대하는지 진실이 있는지 정성이 있는지 정말 나를 좋아하는지에 따라 평가될 것이지만 나는 무조건 최선을 다한다. 예전에 친정어머니가 우리 가족이 가면 관절염 때문에 허리와 무릎이 많이 아파서 불편한데도 진통제를 평소보다 두 배를 잡수시고 새벽시장을 가서 가장 싱싱하고 맛있는 생선을 사오시고 온갖 음식을 한 상 가득 차려 우리 가족이 맛있게 그릇을 다 비우는 모습을 최대의 낙으로 흐뭇하게 바라 보셨다.

나는 요리솜씨가 좋았던 어머니를 가끔 떠올린다. 우리 집에 오시는 모든 분들이나 자식들도 나에게는 최대의 손님이고 내가 모든 것을 바쳐서 사랑해야 하는 사람들이다. 그래서 누가 온다고 하면 미리 장을 봐와서 냉장고에 가득 채워 놓고 끓일 것은 미리 끓여 준비를 한다. 이곳에서 나는 엄나무나 오가피나 두릅 같은 봄에 나는 새순들은 봄에 많이 따서 봄이 아니라도 사철 먹을 수 있게 냉동보관해서 맛볼 수 있게 하고 머위나 고추, 양파, 깻잎은 장아찌를 담가서 주기도 하고 김장은 많이 해 두었다가 부쳐주기도 하지만 필요한 분에게는 줄 때도 있다.

나는 우리 집에 오시는 분에게 무조건 한 상 가득이다. 어떤 분은 내 생일상보다 더 크다고 하고 이런 상은 처음 받아본다고 말해 주시는 분도 있고 사진을 찍어서 자랑을 하시는 분도 있다. 심지어는 갈 때 돈을 내놓기도 한다. 가끔 걱정이 되기도 한다. 내가 아프면 어떻게 하나, 한 상 가득 차려 줄 수 없을 때는 어쩌면 좋을까? 내가 아파도 죽을 때까지 정신만 있으면 혼신의 힘으로 정성을 다해 한 상을 대접을 하고 싶다. 그것이 내가 이집에서 살아갈 이유다.

가지치기

나는 정원가위를 가지고 다니며 집 둘레에 있는 나무들을 내가 알고 있는 상식대로 가지치기를 한다. 마구잡이로 치는 것이 아니라 다른 곳에서 잘 손질된 나무를 보고 흉내를 내는 것이다. 어떤 것은 아무리 따라 하려고 해도 전문가처럼 할 수 없다. 그래서 좋은 나무가 많은 집에서는 정원사가 따로 있게 마련이다.

차를 타고 가다보면 길가에 늘어선 가로수들을 어떻게 그렇게 미구잡이로 잘라 놓았는지 차라리 가로수에 알맞은 나무를 선택해 심어서 보기도 좋게 할 것이지 소나무나 잘 크는 외래종 나무들은 그냥 나무기둥만 서 있다고 할 만큼 가지들이 볼썽사납게 잘려 보는 사람으로 하여금 마음을 아프게 한다. 나무가 얼마나 아프고 괴로울까 지나가는 매연을 다 마시고 가지 한번 마음대로 뻗지 못하고 또 제대로 클 수도 없으니 죽지 못해 사는 것 같다. 누가 보지 않아도 좋은 땅에서 튼튼하게 뿌리내리고 하늘 높은 줄 모르고 가지들이 쭉쭉 뻗어나는 나무들도 있을 것이고 서로 샘을 내서 경쟁하듯이 비좁게 크는 나무도 있을 것이다. 사람 곁에 있는 한 필요에 따라 나무는 잘리고 다듬어지며 가지치기를 안 당할 수 없다. 언덕 위에 아주 아름다운 벚꽃나무가 있었다.

봄이면 분홍 꽃무리가 아래서 보면 하늘하늘 황홀한 것이 꿈을 꾸는 듯 했는데 나무가 기울어서 미술관을 짓는 데 장애가 된다고 그만 베어버렸다. 일 년이 가고 나니 그곳에 벚나무가 있었는지 생각도 나지 않았다. 방송에서 나무 가지치기를 보여주었다. 나무도 잘못 잘라주면 나무 속을 썩게 만들거나 빨리 죽게 만든다고 한다. 그동안 내가 너무 몰랐다. 나무 입장에서 보면 잘리는 자체도 아프지만 무지하게 자르는 데 대해서 내가 많이 미웠을 것이다.

나무도 영혼이 있다고 한다. 눈에 보이지 않지만 칼을 들이대면 겁이나 떨면서 비명을 지르고 애정으로 보살피면 건강하게 춤추듯이 애교도 부린다고 하니 내가 너무 몰랐다. 앞으로 생각해서 잘 잘라야 하겠다. 나무가 많이 커서 자르면 상처가 크게 난다고 어느 정도 컸을 때 바르게 자르라고 한다. 그래서 가위와 톱을 챙겨 뒷산으로 올랐다. 뒷산에는 오 년 전에 군에서 산림조성한다고 편백나무 삼 천 그루를 심어 주셨고 해마다 여름이면 나무가 잘 자라도록 풀을 베어주신다.

편백나무는 항균작용과 기분을 상쾌하게 만드는 향기까지 좋아

피부병이나 마음의 안정을 찾는 데 도움을 줘서 많은 사람들이 삼림욕을 하려고 찾는 것을 보고 조합에서 산에 심을 나무가 여러 종류 있었지만 사람에게 이로운 편백나무를 선택하게 된 것이다. 편백나무는 내 키보다 조금 크게 자랐다. 나는 방송에서 설명한 대로 편백나무가 곧게 잘 자랄 수 있도록 잎이 한쪽으로 많이 난 것은 균형을 맞추도록 중심을 잡게 잘라주고 덩굴식물들이 편백나무를 움켜쥐고 괴롭히는 것도 제거하고 다른 잡목들이 가까이 있으면 베기도 하면서 열심히 일주일 동안 내내 가지치기를 했다. 나무가 정리된 모습이 머리를 이발하고 깔끔해진 모습처럼 내가 했다는 자부심이 생겼다.

편백나무도 환경에 따라 크는 모양도 다르고 크는 속도도 다르다. 주차장에 편백나무는 산에 심을 때 같이 심었는데 산에 심은 것보다 몇 배는 크다. 아래 가지 하나를 잘라도 들기가 무거울 정도다. 수분이 많고 양지바른 곳에서 잘 크는 것 같다. 가지치기를 계속하다 보니 나무만 보면 자르고 싶은 욕구가 일어난다. 저것도 저렇게 잘라주면 좋겠다 싶고 이것도 이렇게 잘라주면 좋겠다 싶다. 그런데 산림조합 아저씨들이 풀 베러 오셨다가 가지치기가 된 편백나무를 보고 남편에게 이렇게 가지치기를 하면 안 된다고 했단다. 잎들이 햇빛을 많이 받아야 튼튼하게 클 수 있는데 아래 넓은 잎을 잘라버렸으니 아마도 다 죽어버릴 수 있다는 것이다. 가만히 두면 우리가 알아서 크는 것을 보고 가지치기를 할 것인데 미리

했다고 못마땅해 한다. 나는 방송에서 들은 것처럼 나무가 더 크면 상처가 크게 날 것이라 미리 가지치기를 했는데 아저씨 말대로 나무가 다 죽어버리면 큰일이다 싶었다.

겨울이 지나고 봄이 왔고 또 여름이 와도 나무는 생생하게 잘 크고 있다. 하루가 달라지게 자라는 잎을 보면 뭔가 뜨거운 열정이 용솟음친다.

봄이면 그리움을, 여름이면 풍성한 시원함을, 가을이면 아름다움과 겨울이면 인내와 쓸쓸함을 나무를 보면서 세월이가고 오는 것을 실감한다. 편백나무가 울창한 숲을 상상해본다. 그 속에서 사람들의 웃음소리 아이들의 재잘거리는 소리, 건강한 숲의 노래를 듣고 있는 것 같다.

농사를 배우다

농사지을 줄 몰라서 여러 번 실패를 했다. 처음에는 풀인지 채소인지 구별도 하지 못했으나 이제는 올라오는 싹만 보아도 무엇인지 안다. 처음에는 흙만 있으면 무엇을 심어도 다 자라는 줄 알았다. 그래서 씨를 뿌리거나 시장에 모종이 나오면 무조건 갖다 심었다. 결국은 잘 자라지 못했다. 열무나 배추를 심으면 조금 크다가 녹아버리는 것처럼 없어져 버린다. 왜 그러는지 이유를 알지 못했다. 나중에서야 땅속 벌레들이나 배추벌레 또는 미생물 때문이라는 것을 알고부터 벌레 퇴치에 신경을 쓰기 시작했다. 농약이 몸에 나쁜 줄 알기에 농약보다 친환경적인 것을 찾았다.

자리공은 독초라 뿌리를 삶아 뿌리면 벌레가 없어진다거나 또는 은행잎을 삶아서 뿌리든지 아니면 막걸리를 뿌리든지 아니면 마요네즈를 희석해서 뿌리면 진딧물이 없어진다고 해서 고추나 오이같이 진딧물이 많이 있는 곳에 마요네즈와 물을 희석시켜 뿌렸더니 정말 진딧물이 없어졌다. 사람에게도 병의 원인이 많은 것처럼 식물에게도 다양한 병들과 원인들이 있었다. 제때에 약을 처방하지 않으면 병이 들거나 죽는다. 작년에 고추에 탄저병이 들었는데 한번 병이 드니까 다른 고추에도 전염이 되어 고추농사를 망친 적이 있었다.

농사는 사람의 노력과 하늘의 도움이 없으면 되지도 않는다. 아무리 열심히 한다 해도 가뭄이나 장마나 태풍이나 폭염과 한파가 와서 잘못되면 농사에 치명적이다. 마을에 큰 밭을 가지고 있는 사람이 작년에 가물어서 농사를 망쳤었다. 트랙트로 밭을 갈고 여러 사람을 동원해서 들깨모종을 심고 풀도 뽑고 비료도 주고 했지만 계속 가물어서 조금 크던 들깨도 말라 죽어 버렸다. 수학도 못하고 사람들 인건비만 들어서 손해를 봤다. 그래서 가뭄을 대비해 올해는 밭에다. 물탱크에 물을 가득 채워 놓고 정성스레 밭을 갈고 거름도 하고 풀도 나지 않게 비닐까지 씌워서 들깨 모종을 심었다. 밭이 크다 보니 여러 사람을 또 동원했다. 올해는 들깨 꽃이 한창 피어있을 때 태풍도 오고 장마도 두 달이나 길게 오더니 원하는 만큼의 수학을 반도 못했다. 생산이 많아도 판로가 없으면 손해가 막심하고 또 농사가 안 되어도 돈을 벌지 못한다. 농사를 짓게 되면 기본적으로 들어가는 것이 있다. 비닐하우스는 해마다 비닐을 갈아야 하고 겨울작물을 위해 난방도 해야 하고 가뭄을 대비해 우물도 있어야 하고 거름이며 비료와 농약까지 준비가 되어야 된다. 그러다 보니 돈은 많이 들어갔는데 손해를 보게 되면 그것이 빚으로 남아 사는 것이 고달프게 된다. 옛날에는 사람이 전부 몸으로 일했는데 요즘에는 기계로 일하니까 몸이 좀 편하다고 하나 열매를 따는 일은 여전히 사람들 몫이다. 젊은 사람들은 그의 없어 딸기나 토마토, 애호박을 많이 재배하시는 분들은 외국인들이 주로 일한다. 3월이 되고 날이 따뜻해져서 나는 들깨도 뿌리고 강낭콩도 심었다. 비가 오고 나서 싹이 났다. 신기해서 매일 들여다보는데 어느 날 꽃샘추위가 와서 얼어 죽어버렸다. 그 뒤로 꽃샘추위가 가고 나면 씨를 뿌린다. 농사일지를 쓰면서 해마다 어느 때 씨를 뿌리고 싹이 트고 또 열매가 맺고 수확을 언제 하는지 빠짐없이 적는다. 봄에 토마토를 심으면 6월에 열매가 열리고 7월 한 달 붉고 잘생긴 토마토를 먹을 수 있다는 것도 일지를 보고 안다. 고추나 가지나 호박도 잘 관찰 했다가 다음해에 참고하고 배추벌레도 언제 생기는지 쪽파와 마늘 토란 같은 뿌리들은 시골 시장에 가보면 잘 알 수 있다. 이제 심을 때라고 마늘이나 토란이나 쪽파 같은 뿌리들이 나와 있고 모종은 또 모종대로 어김없이 심는 시기를 알려준다.

제대로 농사를 지어보겠다고 농협에서 농기구와 고추에 쓰는 탄저병약과 영양제, 배추에 쓰는 농약과 밭두둑을 덮을 비닐까지 사왔다. 직원이 당부를 한다. 농약을 칠 때는 벌레는 저녁에 나와서 활동하니까 벌레가 나오기 전에 약을 치라고 했다. 사실 전에는 아침이나 대낮에 약을 쳤는데 직원 말을 들어보니 벌레가 활동할 때 날아다닐 때 했으니 효과가 없었나 보다. 남편과 나는 밭을 만들었다. 괭이와 호미로 흙을 파면서 돌을 골라내고 밭두둑을 만들었다. 거름을 넣고 비닐까지 덮어서 고추모종도 한 판에 84개인 모종을 두 판을 사고 토마토, 오이, 호박 모종도 사고 상추, 열무, 시금치 씨까지 사와서 남편이 만든 밭에다 정성스레 심었다. 그리고 매일 매일 물도 주고 살펴본다. 열무는 이틀 만에 작고 푸른 나비 같은 떡잎이 나왔으나 상추는 일주일이 되어서야 싹이 나왔다. 그렇게 작은 씨앗들이 나를 이렇게 행복하게 해 주다니 감동이다. 싹이 나오는 것을 보는 것은 즐겁고 기쁜 일이다. 오늘은 얼마만큼 자랐는지 살펴보는 것이 하루의 일과다. 고추는 바람에 쓰러질까 봐 고춧대를 하나하나 세워서 줄로 묶어둔다. 그리고 아래에 난 잎들은 제거를 해주는데 이런 것들도 전부 농사 짓는 분들에게 배운 것이다. 고추 꽃이 필 때쯤 고추를 살펴보니 고추 잎이 예쁘지 않고 진딧물도 있고 또 잎이 엉켜있는 것이 큰일이다 싶었다. 그래서 남편은 농협직원이 시킨 대로 진딧물과 탄저병약을 약병에 적힌 비율대로 저녁 무렵에 약을 쳤다. 다음날 맑은 물에 깨끗이 씻은 것처럼 고추 잎들이 깨끗하다. 마음까지 개운하다. 작년에는 오이도 몇 개 열리지 않았는데 올해는 남편이 거름을 많이 넣고 심어서 그런지 가지마다 오이가 열렸다. 토마토도 사먹지 않고 먹고 싶을 때 수시로 먹고 상추도 바로바로 따서 싱싱한 그 자체로 먹을 수 있어 행복감을 더해준다. 거름을 넣어 만든 밭에서 난 양파나 마늘도 자식들에게 보내 줄 정도로 잘 지었고 마늘종은 뽑아 반찬을 계속 해 먹었더니 침침하던 눈까지 밝아졌다. 고추도 아주 튼튼하게 잘 자라 보는 사람마다 농사 잘 지었다고 한마디씩 한다. 내가 봐도 우리 마을에서 제일 잘된 것 같았다. 다른 사람들은 올해 태풍 때문에 고추농사 망쳤다고 하소연이다. 해마다 고추농사가 잘되지 않아 사서 먹었는데 올해는 고추 값도 비싸지만 올해처럼 잘 커준 고추들이 대견스럽다. 7월부터 붉은 고추를 따서 말렸다. 비가 오지 않는 날을 골라 고추를 땄고 날씨가 흐리면 방에 널어두고 난방을 해서 말렸다. 덕분에 처음으로 말린 고추가 20근이나 됐다. 언니는 고추농사 잘 지어 나보고 돈 벌었단다. 김장배추모종은 처서가 지나 8월 말쯤 심는다. 내 경험으로는 일찍 심어야 배추속이 차고 늦게 심으면 덜 차서 나는 모종이 시장에 나왔다 하면 산다. 배추 심을 밭 역시 남편은 거름도 넣고 비닐을 씌워 정성을 드렸다. 배추는 모종을 심고 며칠 있다가 농약을 뿌려주면 벌레가 없다. 배추를 심고 나서 가물기 시작이다.

작년에 가물어서 배추가 질기고 맛이 없었는데 올해도 가물다. 작년처럼 배추가 질길까 봐 호스를 사용해 물을 수시로 주었는데 감사하게도 배추도 크고 속도 차고 부드럽기도 하다. 남쪽 지방에는 12월에야 김장을 하는데 김치 냉장고도 있으니까 날씨 춥기 전에 11월 20일에 고춧가루 빨갛게 넣어서 김장을 했다. 자식들에게 택배로 보내주고 이웃에게도 맛보라고 주고 김치냉장고에 꽉 채우고 나머지는 1년 지나고 먹으려고 땅속에 묻어두었다. 농사를 지으니까 내가 먹고 싶은 것은 다 심어서 싱싱하게 바로 먹을 수 있다는 것과 돈이 절약되고 건강까지 챙길 수 있다는 것 참으로 고마운 일이다. 일부러 사서 먹으려면 사지 않았을 늙은 호박도 6섯개나 땄다. 호박을 보니 친정어머니생각이 난다. 마을 사람이 갖다 준 늙고 잘생긴 호박을 본 어머니가 우리가 새집을 사서 이사를 할 때 재수가 있게 호박을 집안으로 굴러 넣어보고 싶다고 하셨다. 이사를 하게 되었고 건강도 좋지 않았던 어머니는 호박을 굴리면서 "호박이 넝쿨째 굴러 떨어지듯이 이 집에 복이, 재수가 넝쿨째 굴러들어오게 하소서." 하면서 축원을 빌어주셨다. 이제부터 농사를 제대로 배워서 열심히 지어야겠다. 땅은 거짓말 하지 않는다는 말처럼 정성을 다하면 농사를 잘 짓는 사람이 되어 있겠지.

할렐루야 !!!

경아는 초등학교와 중학교에 같은 반이었다. 칠형제에 다섯째이고 아들밖에 모르는 부모로부터 사랑을 받지 못했다. 가난한 집안 탓에 낮에는 식당에서 일하고 밤에는 야간 고등학교를 다니면서 우등으로 졸업했다. 가정형편이 좋았으면 대학도 갈 수 있었지만 아래 동생들을 위해 직장을 다녀야 했다. 그 후로 나는 서울에서 학교를 다녔고 경아 소식을 알 수 없었다. 30년이 지난 어느 날 경아한테서 연락이 왔다. 내 친정에서 전화번호를 알았다고 했다. 우리는 만나서 그동안 소식을 들었다. 경아는 처음 결혼한 남편의 폭력에 아이들을 두고 집을 나왔다고 했다. 그 당시는 가진 것도 없어 자식들을 두고 올 수밖에 없었고 두 번째 만난 사람은 다른 여자가 생겨서 집을 나가버렸다고 했다. 두 딸을 데리고 살 길이 너무 막막했는데 교회에 나가게 되고 오로지 하나님만이 구세주였다고 한다. 교회 일과 복음을 전도하고 신방에 가서 기도하고 죽을힘을 다 해서 살아왔다고 했다. 그러다가 형편이 조금씩 나아졌다. 경아는 두고 온 아들과 딸을 보려고 전 남편을 찾아갔더니 자식들은 이미 경아가 집을 나간 후에 고아원에 맡겨진 상태였다. 어느 날 고아원에 맡겨진 아들과 딸이 경아를 찾아왔고 세 사람은 서로 부둥켜안고 한참을 울었다고 한다. 자식들은 엄마를 원망하지 않았고 가엽게 여겨 앞으로 효도를 하겠다고 다짐했단다. 두 딸도 알바를 하면서 대학을 졸업했다고 하니 그 역경 속에서 결실을 맺었다고 할까? 그동안 경아의 형제들도 자신들에게 도와 달라고 할까 봐 미리부터 선을 그어놓고 있었다. 사람들도 서로 왕래가 있어야 정도 생기는 법인데 본인도 인정했듯이 생활에 여유도 없고 바깥세상도 외면한 채 오로지 주님만 의지하고 살아왔다고 했다. 나는 초등학교 동창회가 있는 날 경아와 같이 동창회에 나갔다. 친구들이 처음에는 오랜만에 보는 경아를 반겼으나 자신이 어렵게 산다는 것을 밝혀 버리는 바람에 경아를 대하는 친구들의 태도가 냉랭해져 버렸다. 요즘은 돈이 있어야 대접을 받는 세상이다. 무시당하지 않으려고 있는 체하는 사람들이 얼마나 많은데 경아는 거짓을 모르고 사는 것 같았다. 셋째 딸이 대구에서 결혼을 하게 되었다. 서울에 있는 교회 신도들이 버스를 대절해서 내려가는데 나도 함께했다. 옆에 아주머니가 나를 보더니 못 보던 얼굴이라고 누구냐고 묻는다. 내가 친구라고 했더니 따뜻한 전도사님이라고 경아 칭찬이 자자하다. 예식장은 교회 식구들로 만원이다. 피로연이 시작되었는데 인원수에 착오가 생겨 서울서 내려간 교회 사람 대부분이 점심식사를 못하게 되었다. 새벽부터 차를 타서 배가 고팠을 텐데 아무도 불평한마디 하는 사람이 없다. 우리 전도사님 형편을 생각해서 각자 알아서 해결하자며 음식점에 가서 먹고 결혼식을 잘해서 흐뭇하다는 표정이다. 모두가 자신의 일처럼 도우려고 했다는 점은 먼 친척보다 가까운 이웃이 낫다고 하더니 그 말이 맞는 것 같았다. 얼마 있다가 경아의 넷째 딸이 결혼하게 되었고 시가에서 경아의 처지를 알고 딸과 함께 살도록 큰 아파트를 마련해 주었다고 한다. 그리고 경아 오빠가 와서 신부의 손을 잡고 들어갔고 교회 목사님까지 오셔서 축복을 내려주셨다. 경아의 형제들도 참석하고 결혼식장은 화기애애한 분위기 속에서 거행되었다. 경아는 그동안 힘들고 어렵게 살아도 얼굴을 찡그리는 법이 없이 사람 마음을 편하게 해주었는데 딸들도 경아를 닮았는지 얼굴에 웃음이 가득하다. 그동안 눈물한번 보이지 않았던 경아가 눈물을 훔친다. 돈이 많아도 속을 썩이는 자식들이 많은데 경아의 자식들은 모두 엄마를 위하는 마음이 대단하다. 가족사진에 경아의 친척, 형제, 자식, 며느리, 딸, 사위, 손자까지 나란히 손잡고 웃는다. 주님의 축복이 내렸다. 할렐루야!

벌망모자

일을 할 때 날벌레나 모기 같은 벌레들이 눈이나 얼굴에 자꾸만 날아들어 귀찮게 한다. 안경을 끼고 일을 하면 안경에 습기가 차서 흐려지고 또 땀도 나고 자꾸만 흘러내리는 안경 때문에 일을 하는 데 여러 가지로 불편했다. 또 풀을 베다가 톡 쏘는 벌레가 있는데 모기도 붓고 가렵지만 알 수가 없는 이 벌레는 따끔 찔리는 통증이 있다가 그의 일주일 동안 붓고 가렵다. 안경이 귀찮아 쓰지 않고 일하다가 눈을 다칠 뻔했다. 방송에서 벌을 키우는 분들이 벌에 쏘이지 않게 벌망모자를 쓴 모습을 보고 남편은 우리도 저런 것을 쓰면 일하는 데 좋겠다고 한다. 벌망모자는 여러 가지 모양이 있었는데 어떤 것이 좋은지 몰라서 두 종류의 모자를 사달라고 딸에게 주문을 부탁했다. 딸은 시골에 사는 우리에게 정말 고마운 존재다. 우리가 필요한 것이 있어 부탁을 하면 바로 사서 보내고 또 무엇이 필요한지 필요한 것은 언제든지 부탁하라고 한다. 부모님이 이렇게 잘 키워 주셨는데 부모님이 원하는 것이 있으면 다 들어 주고 싶단다. 이보다 든든한 백이 세상에 어디 있나 싶다. 은근히 믿음이 생기고 마음으로 힘이 된다. 물론 아들들도 다 잘하지만 엄마들에게는 같은 여자로 마음 알아주는 딸이 더 편하다. 옛말에 큰딸은 살림밑천이라고 했는데 보통 엄마들에게는 아들보다 딸이 더 가깝다. 방송에서 보면 아들들도 엄마를 그리며 눈물을 흘릴 때가 있지만 딸들이 엄마를 생각하면서 눈물을 흘리고 목이 메는 것을 더 많이 보게 된다. 딸이 주문한 벌망모자가 두 개가 왔는데 가격이 싼 모자가 더 효율적이고 짜임새가 있고 가격이 두 배나 비싼 것은 말만 초대형이라고 했지만 모자 크기가 작았고 망도 허술했다. 사진만 보고는 알 수가 없다. 그래서 하나는 반품을 하게 되었는데 모자 사이즈를 보지 않고 작다고 한다며 반품비용을 다 내라고 해서 다 내었다. 다시 한 개를 더 주문했는데 딸이 인터넷을 보고 싸고 좋은 것 같다면서 다른 모자를 두 개 더 주문해서 같이 보내왔다. 써보니 딸이 개인적으로 사서 보낸 모자는 가볍고 막 쓰기 좋아 일하러 나갈 때나 산책을 나갈 때도 쓰고 나간다. 앞에 그물이 있어 안경도 필요 없으니 이보다 다행이 없다. 산림조합에서 풀 깎는 아저씨들이 남편이 쓰고 있는 벌망모자를 어디서 샀느냐고 묻는다. 아저씨들은 안경을 쓰지 않고 풀을 깎는데 안경을 쓰면 덥기도 하지만 눈에 습기가 차여서 사물을 잘 볼 수가 없다 보니 눈에 티도 들어가고 다칠 위험도 높다. 벌망모자만 있으면 그런 위험에서 보호가 될 것 같았고 남편이 쓰고 있는 벌망모자가 부러웠나 보다. 이웃에 블루베리 농장이 있는데 아주머니가 가지치기하다가 가지에 눈 망막을 다쳐 실명한 사람이 있었다. 눈을 다치면 생활에 불편함은 말할 것도 없다. 눈을 보호하기 위해 안경이 필수지만 불편한 것을 참지 못하면 안경을 안 쓰게 된다. 벌망모자는 앞은 보이고 그물로 가려서 날벌레들이 얼굴에 달아 붙지 않으니 안심 놓고 일할 수 있다. 오늘은 소서다. 제일 덥다던 삼복더위가 시작이다. 연일 30도가 훨씬 넘어서 폭염 주의보가 계속 뜬다. 여름이라 벌레들과 모기들이 극성이다. 아무리 벌레들이 많다고 하나 벌망모자만 쓰면 벌레 걱정 없이 더 열심히 일 할 수 있다.

떠나는 사람

같이 산 세월이 10년도 넘었다. 이 세상에 많은 사람들이 살지만 우리 사돈은 남다르다. 정직하고 이해 많고 어려운 사람을 내일처럼 돌보는 사람이다. 부지런하고 남들과 잘 어울려 친구도 많고 싫어하는 사람이 없다. 큰며느리, 엄마로 직장 다니는 딸을 위해서 손자를 도맡아 키워 주셨다. 큰며느리가 손자 교육을 위해서 미국으로 떠난 뒤 일 년 뒤에 사돈까지 미국에 가게 되었다.

종갓집이라 제사가 많아 내가 힘 들 때면 옆에서 도와 주었고 서로 말이 통했던 사람이다. 국적도 미국이지만 아들도 딸도 손자도 미국에 있으니 이제 가면 다시는 만나지 못할지도 모른다. 다시는 못 볼 수 있다고 생각하니 마음이 슬프다. 사는 동안에 여행도 같이 가고 밥도 같이 먹으며 많은 이야기를 주고받은 일들이 하나하나 떠오른다. 처음 집을 짓고 아들, 며느리, 손자와 같이 왔었는데 미술관 짓고 나서는 오지 않아 딸 가족이 시골 오는 길에 같이 타고 오셨다. 집 둘레를 둘러보고 미술관도 찬찬히 돌아보면서 "여기가 바로 에덴동산이군요." 한다. 남편과 내가 그동안 열심히 심었던 나무도 어느 정도 자라서 아름다움을 더해주고 멋을 아는 사돈은 중간중간 놓여있는 바위 위에 앉아 먹는 커피가 정말 향도 좋고 맛도 좋다며 이곳을 마음에 들어 하셨다.

미국 떠나기 전 식사나 하자고 잠실에 있는 롯데호텔 식당에서 우리 가족과 점심을 했다. 평소에 보지도 먹지도 못했던 산해진미가 다 있었다. 아무리 맛있는 것이 많다고 하나 다 맛볼 수는 없는 일이다. 사돈과 이런 자리가 앞으로 또 있을까? 사돈이 미국을 가는데 배웅을 하려고 아들 차를 타고 공항에 같이 갔다.

짐이 가득 든 여행용가방을 화물로 부치고 서로 안아주면서 작별을 했다. 그동안 정이 들었던 만큼 눈물이 났다. 만나면 언젠가는 이별이라더니 가슴이 찡하다. 서로가 나이가 많아 아마도 다시 볼 기회는 없을 것 같다. 헤어져서 만나지 못하는 것과 죽어서 만나지 못하는 것이 만날 수 없는 것은 같지만 마음은 또 다른 것이다.

내가 아는 친구는 다 큰 딸을 잃고 지금까지 가슴앓이를 한다. 딸이 자살한 것이 결혼을 반대했기 때문이다. 딸이 원하는 결혼은 엄마 입장에서는 불행해질 것 같아 극구 말렸는데 결과가 이렇게 되어 30년이 넘은 지금까지도 자책에서 헤어나지 못했다. 딸이 죽고 난 후 자신이 죄인이라며 땅만 보고 다녔고 하늘을 올려다볼 수 없었다고 했다. 근래에 내가 보고 싶다고 전화가 왔다. 나는 요즘 트롯경연대회가 한창이라고 방송을 보고 음악 감상하라고 했더니 첫마디가 나는 노래 안 좋아한다고 한다. 딸 방도 그대로 두고 만지며 잘못한 것만 되풀이하면서 그때 내가 안 그랬으면 우리 딸이 죽지 않았을 텐데 자책하고 있는 것을 아마도 딸이 본다면 가슴 아파할 것이다. 지금은 성당도 열심히 다니고 가끔 전화도 하고 다른 자식들 걱정도 한다. 사고로 죽은 사람 또 끔찍하게 변을 당한 사람, 실종된 사람들, 남은 가족들은 떠나고 없는 사람들의 고통을 그대로 안고 평생 웃음을 잃은 채 사는 사람들이 이외로 많다. 생각하면 고통스럽고 슬픈 일이다. 종교를 믿는 사람들은 저승에서는 고통 없이 행복했으면 좋겠다고 말한다.

우리는 누구나 다 죽게 마련이다. 죽음을 향해서 한발 한발 걸어가고 있다. 고속도로에 "졸음운전하면 50년 먼저 간다."는 팻말을 본적이 있다. "아차" 순간에 이 세상과 하직이다. 눈을 뜨고 보니 저승이라는 말이다. 그러다 보니 못다 한 일이나 할 말을 못하고 저승을 와서 다시 돌아갈 수 없어 억울할 일들도 많다. 교도소에 있는 사람들에게 물어 보면 모두가 억울하다 하고 무덤에서 죽은 사람들에게 물어 보면 그 또한 억울하다 할 것이니 억울하지 않은 자 과연 몇이나 될까? 떠나고 만나지 못하는 사람, 죽어서 만나지 못하는 사람, 떠난 사람은 그래도 살아있다는 것이 위안일까? 방송에서 남자 주인공이 죽음의 생사기로에 서 있을 때 죽은 아버지가 꿈에 나타나서 죽어서는 아무것도 할 수가 없고 살아있어야 내가 할 수 있는 일들을 다 이룰 수 있다고 말하면서 꼭 살아야 한다고 말한다. 여자 주인공은 다시 태어나지 않았으면 했는데 살아보니까 연애도 하고 사랑도 하고 즐겁고 행복한 일이 있으니 다시 태어나지 않았으면 하는 생각이 없어졌다고 한다. 지금도 시간은 쉬지 않고 가고 이순간도 과거가 된다. 바람처럼 구름처럼 사라졌다 생겼다 하는 것은 자연 속에 한부분이다. 떠나서 여기에 없는 사람과 죽어서 여기에 없는 사람 어디에서 잘 살고 있다고 믿고 위로 받았으면 좋겠다.

나는 부모님이 돌아가셨지만 살아 계시는 것 같은 마음으로 산다. 신이 되신 부모님이 항상 지켜주시는 것 같아서 마음이 평온하고 내가 이생을 열심히 살다가 죽으면 그때 웃으며 뵈올 것이다. 그때 다시 만나 안아주면서 서로 위로했으면 좋겠다.

전염병은 따라다닌다

조선시대에도 호열자(콜레라)나 장질부사(장티푸스)같은 전염병으로 많은 사람들이 원인도 모르고 죽었다. 역병 또는 괴질이라고 불리며 두려움에 병에 걸린 사람들을 무조건 내다버리고 불태우고 했다. 공포에 몰아넣었던 콜레라도 지금은 물을 끓여먹고 위생에 주의하면 걸리지도 않는다는 것을 알게 되었다. 원인을 모르고 당하면 두렵다. 지금 코로나19 바이러스가 전 세계를 강타하고 있다. 연일 방송에서 다른 나라와 우리나라에 코로나환자 발생수와 사망자수를 발표한다. 중국 우한에서 발생해서 우한을 다녀온 사람에 의해서 우리나라에 전염병이 번졌다. 아무 대책이 없었던 이탈리아나 미국, 영국 일본 등 여러 강대국들은 물론이고 그 외에 나라에서도 사망자가 속출하고 시체를 처리하지 못해 관들을 쌓아 놓거나 구덩이에 차곡차곡 매장을 한다. 그나마 우리나라는 낙타에서 전염되는 메르스라는 바이러스에 한번 경험이 있어 처음에는 세계에서 방역을 잘 하는 나라라고 부러움을 샀고 자부심까지 있었다. 우리나라는 마스크를 철저히 썼지만 미국이나 영국 등 일부나라에서 마스크를 쓰지 않더니 지금은 확진자수가 세계적으로 1억 명이 넘고 앞으로 또 얼마나 걸릴지 알 수가 없다.

현재 전 세계 사망자수가 200만 명이고 앞으로 더 발생한다고 하니 상상이 안 된다. 학생들은 학교도 나오지 못해 집에서 온라인 수업을 하고 모든 공연도 취소되고 사람이 모이는 장소는 전부 폐쇄해서 기업이나 작은 상인들까지 죽겠다고 아우성이다. 중고물품 받는 곳은 이미 물건을 쌓아 놓을 곳이 없다. 옛날 같으면 식당할 사람들이 다시 중고물품을 사가기도 하는데 지금은 장사가 되지 않아 폐업을 하니 계속 물건만 쌓이는 것이다. 중고물품뿐 아니라 다른 업종도 매 한가지고 거리두기와 5인 이상 식사금지 때문에 배달음식이 많다보니 일회용이나 플라스틱 같은 쓰레기는 또 엄청나다. 여기저기 한숨 소리가 들린다. 또한 무증상감염자가 많아 사람 만나기가 더 두렵다.

손 씻기와 마스크만 잘 쓰면 보호를 한다니까 모두 다 잘 지켰으면 좋겠다. 예방에만 애써다보니 마스크나 위생에 관한 것은 또 성업 중이다. 일 년 넘게 첫 번째 방송이 코로나에 관한 것이다. 중대본부에서 휴대폰으로 확진자의 동선과 접촉한 사람들의 신고를 부탁하고 알리는 문자는 밤낮을 가리지 않고 알림이 울리는 바람에 깜짝 깜짝 놀란다. 확진자가 다녀간 업소는 문을 닫아야 하고 확진자와 접촉한 사람들은 음성이 나왔더라도 2주간 격리를 당해야 했다. 그렇다 보니 확진자도 많이 나오는 도시에 사는 사람들은 공포와 두려움이 얼마나 크며 아파트나 작은 공간에 사는 사람들은 갑갑하고 답답할 것이다. 나를 아는 사람들은 너같이 한적한 시골에 살아서 부럽다고 한다. 시골도 마을회관도 폐쇄되고 택배도 대문 앞에 두고 가고 마스크를 안 쓰면 벌금까지 내야 하니 노인들도 마스크를 꼭꼭 쓰고 다닌다. 도시에 비해 텃밭도 가꾸고 산책할 수 있어 자유롭지만 마음 놓고 다닐 수는 없다. 14세기에도 유럽에 흑사병이 유행했었다. 처음에는 사람들이 피부가 검게 변하며 급속도로 사망하게 되니까 하늘이 벌을 준 것이라 생각했었단다. 얼마나 많은 사람들이 죽었으면 유럽인구 절반 정도라고 하니 참으로 끔찍하다. 저주라고 생각했던 흑사병이 쥐나 벼룩에 의해서 발병이 되었다고 밝혀졌다. 쥐를 잡아먹은 고양이가 사람에게 옮기고 사람의 목숨을 앗아갔다. 지금은 코로나 때문에 온 세상이 경제적으로 힘들어 허덕이고 생사가 걸려있는 문제다. 코로나도 박쥐를 먹고 병이 생겼다고 해서 중국에서 야생동물을 먹지 못하게 했다고 하지만 사람들은 말을 듣지 않고 멋대로 행동하는 사람도 있고 마스크도 안 쓰고 다니는 사람도 있고 심지어는 목숨을 살리는 코로나백신주사를 맞으면 노예가 된다고 하는 말도 안 되는 소리를 하는 사람도 있어 병을 다스리기는 힘들겠다. 전염병은 두렵다. 해마다 찾아오는 철새들이 고병원성AI(조류인플루엔자)를 전파시켜 오리나 닭들이 수만 수천이나 생매장당하고 소나 돼지 또한 구제역으로 생매장된다. 지금은 야생멧돼지로부터 아프리카돼지열병이라는 전염병이 돼지를 사육하는 농가에 공포감을 준다. 전염병은 눈에 보이지 않고 소리나 냄새도 없고 색깔마저 알 수 없기에 미리 방어조차 할 수 없다. 살아있는 목숨을 강제로 없애는 것 보는 것만으로도 몸서리칠 지경이다. 전염병은 나날이 발전하고 또 새로운 종이 나타나 인류를 두려움에 떨게 하고 인간은 또 백신을 개발해서 전염병에 대항한다. 눈에 보이지 않는 바이러스가 인류 멸망을 불러 올 수 있다. 지금 많은 나라에서 코로나를 퇴치할 백신을 개발하고 일부는 성공해서 맞고 있지만 또 다른 변종코로나가 생겼다고 한다. 전염병은 인간과 같이 공존하면서 가끔씩 바이러스를 퍼트려 공포와 두려움에 떨게 한다. 아무리 강력한 바이러스가 또 온다고 해도 사람들은 굽히지 않고 살아남으려고 애쓸 것이다. 특정인도 없이 누구나 걸리고 죽는 전염병 때문에 사람들 인식도 많이 달라져 있다. 살아있는 동안에 하고 싶은 일이 있었다면 미루지 않고 한번 도전해 보는 것이다. 전염병으로 우리 모두 이렇게 힘든 시기를 노력하고 인내하다 보면 다시 일상에 누리던 평화와 행복이 찾아올 것이라 믿는다.

제자리로 돌아오다

서울서 아들과 같이 살다가 살림가구들을 그대로 두고 시골로 이사를 왔었다. 시골집 안방을 보면서 서울에 두고 온 장롱이 제자리를 찾아오기를 기다렸다. 아들이 다른 곳으로 이사를 가게 되어 20년을 내 손때가 묻은 가구나 물건들을 시골로 가져 오게 되었다. 장롱과 소파와 침대와 식탁은 집을 사고 처음으로 큰맘 먹고 샀던 것들이다.

장롱은 가구점 기사분이 나와서 안방에다 설치해 주셨다. 가구를 살 그 당시에는 제일 인기 있는 제품이었고 또 디자인도 살던 방에 맞추어 제작되었던 것들이다. 그래서 그런지 나에게는 애착이 가는 물건들이다. 시골집 마루에 새로 산 소파는 산 지 가 3년 되었지만 서울서 가지고 온 소파 때문에 남의 집으로 가고 말았다. 약간 낡았지만 그래도 정이 들어 버릴 수 없는 것들이 있다. 우리 마루에는 옛날 시부모님께서 쓰셨던 물건들이 본래 제자리에 있었던 것처럼 차지하고 있다. 시부모님께서도 더 윗대 할아버지에게서 물려받은 것이라 이 집에 있어서 우리 집의 전통과 역사를 일러주신다.

어떤 집에 가보면 가구 전체를 새로 나온 신제품으로 꾸며놓고 자랑한다. 그런 것들은 돈만 주면 누구든지 살 수 있는 것들이라 귀하게 느껴지지 않는다. 또 다른 집은 살면서 옛날 자기들이 썼던 물건들을 하나도 버리지를 않아 집주인이 사는 공간도 없다. 물건을 버리지 못하는 사람들이 이해가 된다. 나도 예전에 물건을 버리지 못했다. 다음에 입을 것 같아 장롱 깊이 넣어둔 옷을 꺼내보면 수십 년 된 옷들도 있었다. 선물로 받은 새 그릇들도 언젠가는 필요할 것 같아 구석구석 쌓아 놓은 적이 많았다. 물건을 보면 물건이 있게 된 경위가 떠오르고 추억이 없어지는 것 같아 망설이는 수가 많았었다. 그러다 보니 정작 필요한 물건들은 쓰지도 않는 옛 물건들에 밀려 제자리도 못 찾고 이리저리 겉돌고 있었다. 집이라는 것은 마음 편하고 즐겁게 살아야 한다는 생각이 들어서 안 입는 옷을 버렸는데 거의 1톤 트럭 한 대분이다. 고물상 아저씨도 놀랐다. 버리고 나니 무거웠던 마음에 짐들을 누가 꺼내준 것 같아 참으로 홀가분했다. 진작 이렇게 할 걸 싶었다.

우리 집에 100년이 넘는 대봉감나무가 있었는데 미술관 공사 때문에 나무를 잘라야 했다. 버리기 아까워서 탁자 만드는 공장에다 맡겼더니 갈라지는 나무라 안 된다고 한다. 할 수 없어 공사를 맡은 허 사장에게 땔감으로 쓰라고 주었더니 탁자를 만들어 왔다. 나무가 워낙 커서 껍질을 벗기고 사포로 밀어 멋있는 테이블이 되었다. 전에 집을 지을 때도 아주 오래된 뽕나무가 있었고 그때는 김 목수가 테이블을 두 개 만들어주셨다. 그래서 베이비오일로 나무를 문지르고 광택을 내었는데 이번 감나무도 오일을 발라 광택을 내고 보니 아주 특별한 탁자가 되었다. 우리 집에 나무들은 죽어서도 다시 찾아오는구나 싶다. 더 애지중지하게 되고 보는 사람마다 어디서 이런 특이한 탁자가 있느냐고 묻는다. 그리고 조상님들이 물려주신 물건들을 알맞게 놓아 두어 더욱 집에 가치가 올라가는 것 같다. 서울서 가지고 온 식탁의자도 천갈이를 다시 해서 새것으로 만들어 식탁과 함께 주방을 품위 있게 만들었고 여지껏 사용했던 식탁과 의자들은 밖으로 밀려났다. 물건이라는 것이 새것이라고 다 좋은 것이 아니고 낡았더라도 애착이 가고 가까이 두고 싶은 물건이 있다. 오랜 세월 정이 들었던 물건들은 보는 것만으로 마음에 안정을 얻는다.

미술관에도 서울서 가지고 온 책장과 틈틈이 보았던 많은 책들이 꽂혀있고 젊은 시절부터 그렸던 남편의 그림들과 붓글씨가 사방 벽면을 장식했다.

내 수필집과 남편 초상화를 그린 손자 현준이 그림도 걸려있다. 남편의 작품들을 보고 있노라면 그때 그 시절의 추억들이 같이 떠오른다. 한편에는 붓글씨를 잘 쓰시는 시아버님 작품과 사진도 걸려있다. 남편은 미술관에 들어서면 시아버지 사진을 보고 "아버지 저 왔습니다." 인사하고 들어간다. 작품들이 있을 자리에서 편안하게 위용을 뽐내고 있다. 물건은 제자리에 있어야 그 가치가 있다.

우물

우리 마을에는 물이 귀하다. 3년 전부터 수도가 들어 와서 물 걱정이 없었지만 그 전에는 우물을 파서 지하수를 먹었다. 마을에서 가장 위쪽에 있는 우물이 있는데 사시사철 마르지 않아 마을 사람 대부분 이 우물물을 사용했다. 그때는 돌아가면서 우물을 청소했는데 수도가 들어오고부터는 우물을 사용하는 사람이 아무도 없다. 비가 오면 우물은 흙탕물이 된다. 물이 나는 곳은 바위 속이지만 주위에는 흙이 많고 풀이 나거나 산이 가까워 낙엽이 들어가는 경우가 많다. 예전에는 사람들이 매일 같이 물이 넘치기 전에 부지런히 사용해서 우물이 더러워질 일이 별로 없었겠지만 지금은 사용도 안 하고 치우는 사람 없어 우물은 자연히 우리가 관리하게 되었다.

남편은 흙이나 풀 때문에 우물이 더러워질까 봐 우물 주위를 시멘트로 포장하고 돌을 쌓아서 되도록 오염되지 않고 깨끗하게 만들었다. 이 년 전 봄에 너무 가물어서 풀들도 시들었고 항상 차있던 우물물마저 줄어 있었다. 어느 날 보니 우물물 속에 개구리가 보였다. 너무 가물어서 살겠다고 들어갔나 보다. 나는 우물이 더러우면 물의 신인 용왕신이 화를 낼 것 같아 개구리를 잡아서 개천에 놓아주려고 우물 안을 들여다보고 깜짝 놀랐다. 아니 이럴 수가 아주 작은 올챙이들이 수십 마리 보였다. 그냥 지나갈 때는 낙엽도 풀도 없이 깨끗하게 보였는데 지금 자세히 보니 내가 생각한 깨끗한 물이 아니었다. 물도 얼마 되지 않는데 이왕 이렇게 된 것 아예 우물 청소를 했다. 물을 다 퍼내면서 올챙이들을 개울에 풀어주고 아래 고인 흙들을 바가지로 다 퍼내는데 10원짜리 동전들이 흙 속에 있었다.

아마도 예전에 사람들이 우물에 동전을 두고 기도를 했던 것이라 몇 십 년은 되었을 것이다. 깨끗이 청소하고 나니 또 새로운 물이 흘러서 우물을 채우고 있다. 마음이 그렇게 개운하다. 그 뒤로 수시로 나는 우물을 들여다본다. 올챙이가 있나 하고 그런데 작년 3월에 다른 곳에서는 절기로 경칩날 개구리들이 벌써 나왔다면서 방송에서 올챙이까지 보여준다. 나는 혹시나 전에처럼 개구리가 우물에 또 들어가서 알을 낳았겠다 싶어 우물 안을 들여다보았다. 처음에는 아무것도 보이지 않았다. 그래서 안심하고 가려고 했는데 이상한 물체가 우물 안쪽 벽 옆에 있다. 그래서 그물망으로 건져 보았더니 개구리알 주머니가 하얗게 둥근 팔찌처럼 예쁘게 3개나 떠있다.

주머니 속에는 까만 구슬로 보이는 것들로 아직 올챙이가 되기 전이다. 우물물이 차니까 다른 곳보다 올챙이가 깨어나는 시기가 늦은 것 같다. 나는 얼른 건져서 계곡물이 고여 있는 곳에 넣어주었다. 내가 발견 못하고 올챙이가 개구리로 변했다면 우물 속은 어떻게 되었을까? 알이 깨어나기 전에 없애 버려서 다행이다. 그 뒤로도 나는 매일 우물 안을 살피고 있다. 개구리가 있는지 올챙이가 있는지 그리고 낙엽이나 나쁜 것이 들어갔는지 관찰을 한다. 동지가 지나고 매일같이 영하지만 우물은 솟아나서 흐르기 때문에 영하 10도가 되어도 얼지 않는다.

떨어질 낙엽도 없어 우물 앞이 깨끗했는데 지나면서 보니 뭐가 있었다. 가까이 가보니 도롱뇽 한 마리가 배를 뒤집고 죽어있고 바로 옆에는 몸통은 없고 창자와 검고 깨알 같은 작은 알주머니가 터져있었다. 겨울이라 먹이가 없는 이때에 먹이 때문에 싸웠을까? 보지 않아서 알 수 없지만 나는 죽어있는 도롱뇽과 알주머니를 산에다 묻어주고 기도했다. 그러다 보니 우물에 대한 관심이 더 예민해졌다. 예전처럼 사람이 먹을 수 있는 그런 우물로 만들고 싶다.

아픈 것을 어떻게 참아

그냥 평온한 하루였다. 우연히 오른쪽 어깨가 약간 아팠다. 전에 오십견을 앓은 적이 있어 따뜻한 물에 팔을 움직이면 낫지 않을까 해서 목욕탕을 갔다. 온탕에서 어깨를 흔들고 주무르고 했다. 목욕탕을 나오는데 옷조차 입을 수 없을 정도로 팔을 움직일 수가 없었다. 이대로 집을 갈 수 없어 가까운 병원에 가서 초음파를 찍었다. 염증이 있다며 어깨에 주사도 주고 약도 준다. 약을 먹었는데도 잠을 잘 수 없을 정도로 견딜 수가 없다. 생각해 보니 열이 나면 염증이 있다고 냉찜질을 하라고 했는데 목욕탕에서 뜨거운 물로 운동까지 한 것이 도리어 화를 자초했다. 너무 아파서 숨도 제대로 쉴 수도 없다. 남편은 아파하는 나를 데리고 대학병원응급실에 갔다.

하필이면 휴일이라 일반진료를 하지 않아 응급실에서 기다리면서 X-레이와 피검사 등 기본적인 검사를 했다. 산소 호흡기를 달고 누워있는 사람, 입원실이 없어 대기하는 사람, 죽은 것 같이 꼼짝을 못하는 사람, 죽겠다고 소리치는 사람까지 각가지 사고와 병으로 모인 사람들로 응급실은 만원이다.

온몸에 한기가 들어 덜덜 떨리고 팔은 아리고 쑤시고 너무 아프다고 하니까 혈액에 염증이 심해서 수술을 받아야 한다는 말과 함께 진통제를 준다. 왜 혈액에 염증이 생기느냐고 했더니 원인이 너무 많단다. 피곤해도 생기고 운동을 많이 해도 생기고 음식 종류에 따라 염증을 일으킨다고 한다. 진통제도 효과도 없이 계속 아프다고 하니까 담당선생님이 휴일이라 안 나오셨다면서 우리병원에 가보라고 의뢰서를 써준다. 우리병원에 와서 담당의사에게 대학병원에서 가지고 온 검사결과 용지를 주자 한번 훑어보더니 염증이 아주 심하다면서 일주일 정도 주사 맞고 약 먹으면 된다고 한다.

수술을 안 한다니까 안심이 되었다. 침대에 누워서 항생제주사를 맞았다. 동네 아주머니 한 분이 허리수술을 했는데 수술이 잘못되어서 다리 한쪽도 힘이 없어지고 허리가 끊어질 듯 아파서 차라리 죽어 버리는 것이 나겠다고 마음먹고 높은 곳을 찾아다녔다고 했다는데 이번 경험으로 충분히 이해가 간다. 아기 낳을 때도 아프고 충치로 밤새도록 아파서 안절부절못할 때도 있고 기절할 정도로 다칠 때도 있고 숨을 쉬지 못한 정도의 고통도 있었지만 그런 순간들이 지나고 나면 잘 기억도 나지 않고 지금보다 덜 아팠던 것 같다. 집으로 돌아오는데 아픔은 여전히 계속 되었다. 오른팔을 들 수도 없고 약간 스치기만 해도 비명이 나온다. 남편은 집안 일과 삼시세끼까지 챙겨주면서 그동안 당신이 많이 힘들었겠다며 반찬걱정까지 하게 됐단다. 하루 두 번 먹으라고 한 진통제를 아프니까 세 번을 먹었다.

다음날 병원 가서 또 항생제주사를 맞았다. 옆 침대에 팔십이 넘은 할머니 한 분이 누워 있었다. 반듯이 누워서 곁눈으로 나를 보더니 말을 꺼낸다.

3년 전에 척추뼈가 부러져서 고쳤는데 일주일 전에 허리가 아프더니 꼼짝도 못하고 누워서 지냈는데 할아버지도 구십이 다 되어가고 몸도 안 좋은데 병수발이 너무 힘들다고 이제는 죽는 수밖에 없다고 했단다. 아들이 아버지를 위해서 평생을 고생했는데 아버지가 어머니를 위해서 이것도 못해주느냐고 했더니 그렇게 말하는 아들이 밉다고 화를 냈다고 했다. 아들이 병원을 데리고 와서 두 시간 후에 수술을 받는다고 하면서 "내가 다시 일어설 수 있을까요?" 한다. 나는 틀림없이 걸어 다닐 수 있을 것이라 말하자 환히 웃는다. 예전에 걸을 수 없을 정도로 무릎이 아픈 적이 있었다. 병원에서 MRI를 보고 무릎뼈 속에 반월판이 찢어졌다고 했다. 영상사진 속에서 무릎 속이 실타래같이 뿌옇게 흩어져 보인다. 찢어진 연골이 염증을 유발해 아프다는 것이다. 관절내시경을 받고 지금은 조심하면서 살지만 아픔은 견딜 수가 없다. 자백을 받아내겠다고 묶어놓는 형틀과 온갖 고문 기구들이 사람을 죽을 정도로 고통을 안겨주고 견디지 못하게 만들었듯이 아픔에는 장사가 없다. 갑작스런 어깨통증으로 잠시나마 무력감을 느꼈다. 나이가 들어서인가? 돌아가신 시부모님, 친정 부모님, 그리고 수많은 사람들 표정에서 체념과 외로움, 슬픔과 즐거움, 여럿 몸짓으로 사랑과 아픔이 내게로 들어왔다. 아픔을 안고서도 참으며 또 웃으며 살 수밖에 없었다는 것을….

안골 쉼터

우리 동네에 들어오는 골목이 세 개 있다. 그중에 우리 집으로 들어오는 골이 동네에서 맨 안쪽에 있다고 해서 안골이라 한다. 산에서 내려오는 개울이 있어 비가 많이 오면 마을로 내려가는 길목이 물에 잠긴다.

그래서 군에서 흙으로 되어있는 산자락을 계곡에 따라 돌을 쌓아서 안전하게 만들다가 예산 부족으로 돌만 쌓고 첨단공사를 하지 않아 마치 청소를 끝내지 않은 기분이었다.

벌써 2년이 지났지만 올해는 나머지 첨단공사를 마무리 짓는다고 해서 남편은 기대가 부풀었다. 또 안골에는 맨 위쪽에 약샘이 있다. 100년 전에 증조할머니께서 선몽으로 약수를 발견하고 그 약수를 먹은 사람들이 병을 고쳤다는 곳이다. 이번 첨단공사는 약샘까지다. 공사현장을 답사하러 오신 사장님과 공사를 할 사람이 현장을 둘러보고 고개를 흔든다. 예산은 적은데 의외로 공사해야 할 곳이 많다는 것이다. 일할 사람보고 하는 말이 답이 안 나오니까 그냥 흙 위에 생긴 대로 공사를 하라고 한다. 이 말을 들은 남편은 공사를 허술하게 할까 봐 사장님이 돌아가고 난 후 매일같이 흙을 걷어내고 공사할 사람들이 일을 수월하게 할 수 있도록 깨끗하게 만들어 놓았다. 또 콘크리트만 하면 부실하게 될까 봐 집에 있던 쇠기둥과 집 짓고 남은 철근도 쭉 깔아놓고 기다렸다.

얼마 후 사장님과 일할 사람 다섯 명이 왔는데 남편이 해 놓은 것을 보더니 원하는 대로 해주겠단다. 처음 남편은 다리도 3m정도 건너게 해달라고 했었는데 그것도 4m나 넓게 해주었고 레미콘도 처음에는 한 차 반만 주문하려다가 두 차를 주문해서 나중에는 시멘트반죽이 남아서 산에서 내려오는 작은 골짜기 터에 시멘트를 발라 쉼터를 만들었다. 사장님은 웃으시며 만족하시냐고 물으신다. 자기 생각에도 돈은 더 들었겠지만 제대로 완전하게 되었다고 생각 되었나 보다.

참으로 고마운 일이다. 이러한 모든 것이 약샘을 지키고 계시는 할머니의 은덕이라 생각한다. 공사하고 밤새 비가 왔다. 공사하고 비가 오면 시멘트에 갈라짐도 없이 더 단단해진다고 하니 좋다. 작은 계곡에 쉼터가 생겼으니 남편은 벽돌로 쌓고 기와를 장식하고 길고 넓은 대리석으로 의자도 만들었다. 위에는 느티나무가 있어 그늘을 만들어 주고 약샘을 올라가다가 한 번쯤 쉼터에 앉았다 갈 수도 있다. 쉼터에 앉아 앞을 보면 아까시아 죽은 나무가 엘크를 닮았다. 가지 난 긴 뿔하며 쭉 벋은 목이며 눈망울처럼 닮은 괭이까지 엘크를 연상하게 한다. 그래서 사람들 눈에 잘 띄라고 남편은 페인트를 칠하고 목에 방울까지 달았다. 사계절을 감상할 수 있는 쉼터고 한여름에는 뜨거운 햇볕을 피해 잠깐이라도 휴식을 취할 수 있는 곳이다. 어느 날 아침에 약샘을 올라 가다보니 쉼터에 젊은 청년이 있는데 한 사람은 누워서 자고 또 한 사람은 앉아있다. 아무 말도 하지 않고 지나가려는데 앉아있던 사람이 말을 걸어온다. 자기들은 군인인데 학교 운동장에 소집 명령이 있어 시간이 아직 남아 이곳에 잠깐 머물고 있다고 했다. 내가 이상하게 생각할까 봐 말을 하는 것 같았다. 나는 웃으면서 편히 쉬다 가시라고 했다. 한참 만에야 군인 모자를 쓰고 마을로 내려갔다. 북한에서 미사일을 쏘고 개성공단도 폭파해서 비상경계령이 내렸나 보다. 쉼터에 첫 번째 손님이 나라를 지키는 군인이라서 좋다.

남편은 쉼터이름을 '안골 쉼터'라고 이름 지었다. 쉼터에는 나옹선사의 시조 "청산은 나를 보고 말없이 살라 하네. 창공은 나를 보고 티없이 살라하네. 탐욕도 벗어놓고 성냄도 벗어놓고 물같이 바람같이 살다가 가라 하네." 마음을 내려놓는 시도 적혀있고 또 "그리움 돌아오지 않는 것은 모두 그립다. 잃어버린 꿈 잃어버린 사랑 잃어버린 시간 잃어버린 산천 떠나간 것은 모두 그립다" 남편은 기와에 하얀 페인트로 두 시를 적어 놓았다. 시를 보고 있으면 자유

스러우면서 차분하다. 영산홍을 심은 화분도 놓여있고 국화와 붓꽃도 심어 놓았다. 앞으로 얼마나 더 아름다운 쉼터로 거듭날지 모른다. 누구나 이곳에 앉았다 하면 피로가 풀리고 기분이 좋아졌으면 좋겠다.

제사

우리 집은 종갓집이다. 내가 시집 왔을 때는 제사가 열한 위였다. 명절제사와 시제까지 하면 열세 번이나 제사를 지내는 셈이다. 조상제사에 정성을 다하신 시부모님이 돌아가시고 제사는 내 몫이 되었다. 시골서 지내던 제사는 내가 사는 서울에서 지내게 되었고 제삿날이면 서울에 사는 친척들이 다 모였다. 나는 제사지내는 것이 전혀 힘들지 않았다. 우선 제사를 잘 지낼 수 있도록 조상님께서 경제적으로 여유를 만들어 주셨다고 믿어서 제사가 오면 떡도 방앗간에서 만들어오고 생선이며 과일도 크고 좋은 것으로 음식도 푸짐하게 해서 제사를 지내고 가시는 친척 분들에게 나누어 주는 재미가 있었다. 내가 시골로 내려오고부터는 대부분 서울에 사시던 친척 분들이 올 수가 없었다. 버스를 타도 집까지 다섯 시간이요 자가용을 가지고 오더라도 4시간은 넘는다. 먼 길에다 일요일도 아니고 고속도로 정체가 되면 길에서 시간을 다 보낸다. 자식들이 오는 데 일곱 시간, 가는 데 10시간이나 걸릴 때가 있어 자식들이 힘들까봐 차라리 안 오는 것이 낫겠다는 생각도 든다. 그래서 평소에는 남편과 내가 제사를 지낸다. 먹을 사람도 없다 보니 격식은 있으나 음식도 간단하다. 제사를 잘 지내고 기도하면 내가 바라던 모든 일들이 다 이루어졌기 때문이고 오늘날 남들이 다 부러워하는 삶을 살고 있으니 이 모든 것이 다 조상님의 은덕이라고 생각하기 때문이다. 제사 때문에 옛날에는 아들을 원했으나 요즘은 먹고 사는 일이 힘들다 보니 결혼도 안 하고 아이도 안 낳고 또 아이가 있어도 딸 아들 관계없이 하나 아니면 둘이다. 그러니 제사는 생각도 못할 일이다. 친구에게서 전화가 왔다. 부모님 제사를 절에 맡겼다고 한다. 남편이 작년에 죽고 아들이 둘이나 있는데 며느리들이 다른 일이 있다며 제사 때 오지 않을 때가 많다는 것이다. 나이도 들고 몸도 아프고 그래서 절에 올렸다는 것이다. 그래 잘했다 하면서도 친구의 전화를 받기 전까지 제사를 절에 올리는 것을 생각도 못했다. 자식이 없거나 손자가 없고 손녀만 있다고 대가 끊어졌다고 한숨 쉬는 사람들도 많고 자식이 결혼을 하지 않아 아예 모든 것을 포기하는 사람까지 시대가 변하니 생각도 변해야 한다.

옛날에 잘사는 부잣집에 거지 한 사람이 하룻밤을 재워달라고 왔었다고 한다. 주인은 불쌍한 거지에게 밥상을 차려주고 문간방에 자게 했다. 거지는 밥상을 보더니 그릇 하나를 더 달라고 부탁했고 주인은 이유를 물었다. 그랬더니 거지는 오늘 밤이 아버지 제사인데 내가 거지로 살다 보니 아직 제사를 제대로 지낸 적이 없는데 이 음식을 보니 제사를 지내고 싶다고 했다. 주인은 가엾게 여겨 제사를 지낼 수 있도록 제대로 상을 차려 주겠다고 했다. 그리고 옆에 있었던 둘째 며느리 보고 상을 좀 차려 주겠느냐고 했더니 둘째 며느리는 밥만 주면 됐지 무슨 제사상까지 차리라고 하느냐며 방으로 들어가 버렸다. 그래서 주인은 큰며느리를 찾아 거지 이야기를 하고 제사상을 차려 줄 수 있느냐고 물었고 큰며느리는 이왕이면 제대로 차려야 한다며 전이며 나물이며 과일까지 차려 거지한테 주었다. 거지는 눈물을 흘리며 아버지 제사를 지냈는데 그날 밤 주인과 큰며느리 꿈에 할아버지 한 분이 나타나더니 제사상을 잘 받고 맛있게 먹었다면서 꼭 보답을 하겠다고 했단다. 그러고 나서 주인과 큰며느리남편은 과거에 급제하고 출세했다고 한다.

얼마 전에 방송에서 중년 남자가 등산을 하고 산을 내려오던 중에 바위 아래서 아주 오래된 해골을 발견했단다. 이 사람은 그냥 지나치지 못하고 양지바른 쪽에 묻어주며 극락왕생하라고 기도를 하고 집으로 돌아왔다고 한다. 그동안 사는 것이 많이 힘들었는데 해골을 묻고 난 다음부터 하는 일마다 잘되어 부자가 되었다고 했다. 그리고 친부모도 모르고 자란 이 사람은 해골을 묻은 그 자리에 봉분을 만들고 해마다 성묘도 하고 명절에는 자식들과 손자들까지 데리고 산소에서 차례를 지내는 것을 봤다. 어떤 종교에서는 사람이 죽으면 그만이고 제사를 지내는 것도 미신이라는 사람도 있고 제사음식 만드는 데도 서로 미루고 자신만 피해를 본다고 생각하고 싸움도 일어나고 심지어 이혼까지 하는 경우가 있는데 명절에 차례를 지내고 와서 이혼이 많아 명절증후군이라고 한단다. 앞으로는 바쁜 젊은 사람들이 제사를 지내지 못하겠다는 생각이다.

내 대代에 제사가 끝난다고 생각하니 조상님들에게 죄송하고 면목이 없다. 그렇다고 자식들에게 강요할 수도 없다. 그래서 남편과 약속을 했다. 우리 두 사람 중에 누구 한 사람이라도 먼저 죽으면 절에다 제사를 올리자고 했다. 조상님들도 이해를 해주실 것이고 내가 죽어서 저승을 가면 조상님들은 잘 모시겠다고 마음먹는다. 자식들에게 제사 때문에 부담을 주고 싶지 않다.

지수화풍地水火風에 대하여

겨울에 흰 눈이 온 들판을 하얀 세상으로 바꾸어 놓았다. 얼마 지나지 않아 눈이 빨리 녹는 지역과 녹지 않고 계속 얼어 있는 곳도 있다. 또 먼 길을 가다가도 쉬고 싶은 장소가 있는데 대부분의 사람들이 똑같은 선택하는 경우를 자주 본다. 어떤 날은 전화가 많이 오고 어떤 날은 전화가 한 통도 오지 않는 경우도 그렇고 사고가 많이 나는 지점도 대체로 비슷하다. 집 뒤쪽에도 가을이면 낙엽이 떨어져 쌓이는 곳이 있고 또 누가 비로 깨끗이 쓸어놓은 것 같이 된 곳도 있다. 바람이 이렇게 만들었다고 믿기지 않을 정도다. 이런 것들은 모두가 자연현상이라고 생각한다. 예전에 내가 13년 정도 아파트에 살았을 때 옆집에 사는 사람이 4번의 주인이 바뀌고 또 들어오는 사람마다 아파트 내부를 새롭게 리모델링하는 것을 보았다. 아마도 오는 사람마다 내부가 마음에 들지 않아서 고치겠지만 보통 사람들은 도배 정도 하고 들어가는 경우가 많은데 이 집에 오는 사람들은 유별나다고 해야 할까? 오래전에 풍수에 대해서 현장도 견학해 가면서 많은 공부를 했었다. 계곡에 건물을 지으면 망하고 막다른 골목 끝에 있는 집은 다치거나 우환이 들고 불안한 비탈길이나 소음이나 바람이 강한 곳 또는 수맥이 흐르거나 아래로 철길이 지나가거나 그리고 송곳같이 솟았거나 3:4로 균형이 되지 않고 한쪽이 더 많이 길어 치우치거나 사택이 혼잡 되거나 길보다 낮아있거나 그럴 경우 안 좋은 현상이 일어난다는 것을 알게 되었다. 시골에 내려가서 집을 지을 때 배운 대로 좌향坐向과 사택舍宅에 맞추어 올바르게 지었다.

내려온 지 10년이 되었지만 원하는 대로 이루어지고 건강하게 살고 있다. 시골에 내려오고 나서 이곳에 사는 사람들의 집들을 나도 모르게 풍수에 맞는지 확인하게 되었다. 담장도 대문도 없는 집은 여전히 가난을 면치 못했고 사택이 바르지 못한 집은 계속 주인이 바뀌는 경우도 있었다. 새로 짓는 집이 두 채가 있었는데 안타깝게도 내 생각으로는 두 집 다 안 좋은 형태로 짓는다. 좌향과 사택이 바르지 못한 집은 마을에 들어올 때는 돈이 있었으나 나중에는 집이 경매로 넘어가면서 빚만 지고 나갔다. 그런데 신기한 것은 다음에 경매를 받고 온 사람 역시 돈이 없어 한겨울에 난방조차 할 수 없다는 것이다. 두 번째 집은 처음 집터를 고를 적에 틀렸다고 말해주고 싶었지만 말할 수 없었다. 풍수를 믿지 않는 사람들은 내가 말해도 믿지 않고 오히려 나를 미쳤다고 할 것이고 또 내 말대로 지었다고 해도 하는 일이 잘 안 되면 나를 원망할 것이기 때문에 함부로 개입할 수가 없는 것이다. 안타깝기는 하지만 지켜볼 수밖에 없었는데 집을 다 짓고 나서도 이사를 오지 않았다. 가끔 주인남자만 외제 고급차를 타고 왔다 갔다 한다. 지금은 집터라는 흔적도 없지만 예전에 박씨라는 사람이 도시에서 갖은 고생을 해서 번 돈으로 논을 사서 흙으로 메우고 그 위에다 크고 호화로운 집을 지었다고 한다. 집은 남쪽이라고 산을 보고 지었는데 일 년도 안 돼서 사람도 죽고 집은 망했다.

명당의 조건은 배산임수背山臨水즉 뒤에는 산이요 앞에는 물이고 건강장수를 나타내고 전저후고前低後高 앞은 낮고 뒤는 높은 것은 영웅호걸을 나타내고 전착후관前窄後寬 들어가는 입구는 작고 안은 넓어야 하고 부귀영화를 뜻한다고 한다. 즉 주머니처럼 돈이 들어가면 안 나와야 한다는 것이고 사다리꼴처럼 입구가 넓어 흘러버리는 것이 복이 나간다는 것이다. 그렇다면 담장이나 대문은 복이 나가지 않게 있어야 당연한데 대부분 농촌 집들이 대문 없는 집이 많다는 것이다. 내가 농촌에 와보니 집을 짓거나 수리하는 것조차 힘들어 했다. 농산물이라는 것이 큰 기업처럼 하는 것도 아니고 자신의 노동으로 하다 보니 먹고 사는 것은 할 수 있어도 목돈 만들기는 매우 어려워 보인다. 길을 가다 보니 옛날 박씨 집터에 또 누가 집을 지으려고 공사를 한다. 이상하게도 돈을 버는 사람은 장사가 잘되는 곳에 장사를 하고 돈을 못 버는 사람은 장사가 안 되고 고생만 하는 곳을 고르게 되니 생각과 보는 눈이 다를 수밖에 없다. 산소를 가보면 바람이 많이 부는 곳에는 팔요풍八曜風으로 잔디도 없고 물기가 많은 곳에는 황천수黃泉水로 잔디보다 쑥이 더 많이 자란다. 똑같은 집이라도 수맥봉을 잡아 보면 옆집은 수맥봉이 많이 흔들리고 앞집은 평온한 것이 수맥이 한 치 차이라도 비켜 가는데 일반 사람들은 알 수가 없다. 수맥이 지나는 자리 위에 집이 있게 되면 사람이 아프거나 망하거나 좋지 않았다. 지나가면서 자꾸만 내 눈에 명당의 조건과 맞지 않고 가난과 질병에서 고생하는 집들만 보여서 안타깝다.

마음이心 가는 곳에 기氣가 가고 氣가 가는 곳에 혈血이 가고 血이 가는 곳에 정淨이 간다. 우리가 사는 자연은 땅과 물과 불과 바람으로 이루어졌다. 땅地이 없으면 만물이 살아갈 수가 없고 물水이 없으면 생물이 살 수가 없고 화火불이 없으면 전기를 포함해서 하루도 살 수 없고 풍風이 없으면 공기를 포함해서 숨쉬기까지 살수가 없다. 땅地은 굳고 단단한 성질을 바탕으로 만물을 실을 수 있고 또한 재료가 된다. 물水은 습윤을 성질로 만물을 포용하고 조화하여 성장시키는 바탕이 되고 바람(風)은 움직이는 것을 성질로 만물을 키우는 바탕이 되고 불(火)은 따뜻한 기의 성질로 바람으로 서로 순환하면서 자연으로 돌아간다. 지수화풍으로 돌아가는 것이다.

최고의 복수는 용서다

고속도로를 지나는데 교회가 보였다. 교회 이름 옆에 "최고의 복수는 용서다."라고 쓰여 있다. 그 글씨의 의미를 되새겨본다. 불교에서도 용서하는 것이 최고의 행복이라고 한다. 착하게 살고 또 남을 도와주고 자비심을 가지고 공덕을 지어라고 하는 것을 보면 대부분의 종교는 근본이 같은가 보다. 사실 용서라는 것이 얼마나 어려운 일인가? 차라리 죽을망정 용서는 못하겠다는 사람도 있고 원한을 가슴에 안고 죽는 사람도 있고 그래도 결국 용서를 하는 사람도 있다.

방송에서 입양아를 보았다. 어릴 때 미국에 입양을 갔다가 다 커서 엄마를 찾으려고 한국에 와서 여러 사람의 도움으로 결국 엄마를 찾았다. 집에 찾아온 딸을 본 엄마는 용서를 빌었다. 형제들은 동생이 온다고 어머니 집에 다 모여 있었는데 딸은 왜 나만 버렸느냐고 울며 원망했다. 보고 싶었던 자식이 온다고 기대를 했던 엄마도 동생을 만나고 싶었던 형제도 모두 죄인처럼 말도 못하고 목 고개를 떨 구고 있었다. 딸은 다른 형제는 다 데리고 있었으면서 왜 나만 버려가지고 타국에서 설움만 받게 했느냐고 절대로 용서 못한다고 울부짖는다. 방송을 보면서 참으로 딱하고 우울했다. 어릴 때 유럽으로 입양을 갔던 다른 남자는 부모님 얼굴이라도 보는 것이 소원이라고 한국을 찾아왔다. 방송도 하고 자신을 입양 보낸 보육원도 찾아가보고 했지만 결국 찾지를 못하고 한국을 떠나게 되면서 하는 말은 어머니를 만나면 어머니에게 감사하다고 말하려고 했다는 것이다. 얼마나 형편이 어려웠으면 나를 보육원에 보냈겠느냐고 자식을 보내는 어머니 마음이 얼마나 아팠겠느냐고 다 이해를 하고 또 내가 유럽에서 좋은 양부모를 만나 행복하게 살고 있다고 보여 드리기 위해서 왔는데 참으로 아쉽다고 했다. 만일에 돌아가셨으면 어쩔 수 없지만 살아 계시다면 마음에 짐을 내려놓고 행복했으면 좋겠다고 했다. 이런 사람은 부모를 찾았으면 얼마나 좋았을까? 부모가 자식을 버릴 때는 자기가 잘살자고 버렸겠는가? 자신도 죽을 것 같아 자식이라도 살리자고 보육원에 맡기는 것이 아닌가. 아마도 자식을 떠나보낸 부모 마음은 죽을 때까지도 잊지 못할 것이다.

청운스님이 이야기를 하나 들려 주셨다. 어떤 40대 초반의 아주머니 한 분이 당장 쓰러질 것 같은 모습으로 스님을 찾아왔다고 한다. 너무 말라서 거의 뼈만 남아 가지고 "스님 나 좀 살려 주세요." 했단다. 그래서 스님은 무슨 일인지 이야기를 해보라 했더니 "청상과부가 된 시어머니가 아들 하나만 데리고 살아왔는데 그 아들과 결혼한 저에게 욕설과 잔소리로 나를 괴롭혀서 못살겠습니다. 이제는 시어머니만 생각하면 밥이 목에 넘어가지 않고 조금만 먹어도 구토하고 몸이 말을 듣지 않습니다. 지금 아들이 일곱 살인데 내가 죽으면 우리 아들이 불쌍해서 죽을 수도 없습니다."라고 말했다고 한다. 그래서 스님은 내가 시킨 대로 한번 해보겠느냐고 했더니 살 수만 있다면 하겠다고 했단다. 그래서 스님은 한 달 동안 "시어머니 고맙습니다." 하고 하루 20번씩 말하라고 했단다. 생각만 해도 죽을 것 같은데 어찌 내가 그런 말을 하겠느냐고 못한다고 했지만 스님은 한 달 해보고 안 되면 그때 다시 말해 주겠다고 해서 며느리는 집으로 돌아가서 아침에 일어나자마자 혼자소리로 "어머니 고맙습니다." 하고 밥상을 차릴 때도 말하고 논에서 아들과 같이 농사짓는 시어머니를 볼 때도 속으로 "고맙습니다." 잘때까지 '고맙습니다.' 를 계속했다. 처음에는 말하기도 싫어했는데 말하면서 생각해 보니 자신의 아들을 끔찍이 위해 주고 힘든 농사일도 남편과 같이 도와주고 시어머니가 없으면 남편 혼자 농사일이 많이 힘이 들 것인데 시어머니가 거들어 주니 참 다행이다 싶고 내 아들도 저렇게 알뜰히 챙겨 주니 참 고맙다는 마음이 들기 시작했단다. 어느 날 농사일에 지쳐서 발이 흙투성이가 된 시어머니가 마루에 걸터앉아 한숨을 쉬는데 참으로 불쌍하게 보였다고 했다. 그래서 자신 모르게 대야에 물을 떠서 시어머니 발을 씻겼다고 한다. 자기를 미워하던 며느리가 발을 씻기자 시어머니는 처음에 놀랐다가 나중에는 며느리의 진심을 알고 며느리를 안고 잘못했다고 미안하다고 하면서 서로 부둥켜안고 눈물을 흘렸다고 한다. 한 달 약속하고 갔던 며느리가 보름 만에 스님을 찾아 왔을 때 스님은 며느리를 알아보지 못했단다. 뼈만 남았던 사람이 살이 올라 건강해졌고 울상을 하고 왔던 얼굴은 온데간데없이 복스러운 얼굴로 환하게 웃으며 왔다고 했다. 모든 것이 마음먹기 달렸다고 하지만 그 마음을 내기는 정말 어렵다.

옛날에 파고다 공원에 어떤 청년이 세상을 비관해서 차를 몰고 공원 안에서 놀고 있는 사람들을 향해 돌진했었다. 그때 손자만 데리고 사는 할머니도 손자를 잃었다. 그 청년은 사형선고를 받았다. 자식도 없이 오로지 손자만 바라보고 살던 할머니는 처음에는 그 청년이 너무 미워서 밥도 먹을 수 없었는데 그 청년을 용서하기로 마음먹고 매일 교도소로 찾아가 먹을 것도 넣어주고 좋은 말도 하고 왔단다. 그 청년도 마음을 바꿔서 할머니에게 진정으로 용서를 빌었고 세상을 비관하는 마음도 없어졌다고 했다. 손자를 죽인 사람을 어떻게 용서할 수 있는지 그때 뉴스를 보고 많은 생각을 하게 했다. 사람은 억울하면 복수를 하고 복수가 또 다른 복수를 낳는다. 중국고전 드라마를 보면 죽을 때 복수를 해달라고 부탁까지 하는 경우가 있다.

용서를 하는 것은 어렵고도 어렵다. 사랑도 미움도 모든 것은 마음에서 일어나지만 마음을 바꾸면 미움도 사랑으로 변하고 복수도 용서로써 마음에 평화와 행복이 올 것이라 믿는다.

대구에 어떤 절에서 49재를 지내는데 주인공은 대학을 다니던 청년이다. 외아들에다 인물도 출중하고 공부도 잘했다. 남들이 부러워하는 서울대학 법학과에 다녔기 때문에 부모의 사랑을 듬뿍 받았고 친척뿐 아니라 주위에 사람들까지 칭찬이 자자했다. 그런데 여름 방학 때 친구들과 물놀이 갔다가 사고로 죽고 말았다. 부모는 말할 것 없고 아는 사람 모두가 애통해 했다. 군인인 아버지가 아들의 49재 마지막 재에 참배를 하려고 아들 영정 앞에 섰다가 놀라서 고함을 지르고 욕설을 하다가 뛰쳐나갔다고 한다. 스님이 따라가서 아버지에게 왜 그랬느냐고 물었더니 자기가 소령시절 6 · 25 전쟁 때 중공군이 쳐들어온다는 제보를 받고 산속에서 잠복근무를 하고 있었는데 갑자기 본부에서 긴급회의가 있다고 오라는 바람에 대위였던 부하에게 내가 올 때까지 경계근무를 서서 부대를 잘 지키라고 했단다. 다음날 부대로 돌아와 보니 중공군이 공격을 해서 부하들이 다 죽어 있었다. 충격을 받아 허탈해 있는데 경계근무를 부탁했던 대위가 아무 일 없다는 듯이 들어 왔다고 한다. 자기 상관이 부탁을 했지만 여지껏 아무 일 없었듯이 하루사이 무슨 일이 일어나겠느냐고 낙관하고 혼자 마을에 내려가 술집에서 하룻밤을 지내고 왔다는 것이다. 너무 화가 난 대령은 그 자리에서 권총으로 부하를 죽였다고 했다. 신혼이었던 소령은 얼마 후 임신을 했고 그 아기가 지금 죽은 아들인데 아들 영정 앞에 서니 그때 총을 쏘아 죽인 대위가 서 있었다는 것이다. 이 이야기를 듣고 두려운 마음이 들었다. 죽은 부하가 아들로 환생해서 가장 행복할 때 그 행복을 앗아가 버리는 복수를 했다. 부하 입장에서 보면 억울하기도 했겠다. 원한도 복수도 마음 바꾸면 사랑도 되고 행복도 되고 또 천당과 지옥이 바뀌지는데 마음 한번 바꾸기가 말이 쉽지 참으로 어려운 일이다.

꽃씨

길을 지나가도 예쁜 꽃을 보면 씨를 받아온다. 씨를 받을 때부터 내 마음은 꽃밭에 활짝 핀 꽃들이 방긋방긋 춤을 추고 있는 것이 보인다. 아는 집에서 백일홍과 접시꽃씨를 받아와 꽃밭에 뿌린 적이 있는데 꽃밭 전체가 백일홍과 접시꽃이었다. 백일홍은 색깔만 해도 여러 가지다. 빨간색과 흰색 꽃씨만 뿌려도 꽃 속에 있는 유전자 덕인지 노랑색, 진홍색, 자주색, 분홍색, 주황색 등 각가지 색으로 예쁘고 화려하다. 백일홍은 여름부터 서리가 올 때까지 계속 피어서 보는 이를 즐겁게 한다. 우리가 반찬으로 먹는 민들레나 머위, 냉이, 질갱이, 쑥, 고들빼기 같은 식물에도 씨들이 떨어지고 바람에 날려서 냉이나 쑥이나 민들레 밭으로 되어버린 곳도 있다. 민들레는 공처럼 생긴 하얀 꽃을 입에 대고 "후" 불면 씨앗들이 낙하산 타고 떨어지듯이 바람 따라 멀리 날아가기도 한다. 씨 하나에서 태어난 꽃나무에서 꽃도 많이 피고 많이 핀 만큼 씨들은 또 헤아릴 수도 없다. 작은 씨 하나가 천개 만개의 씨를 만들고 있다는 것이다. 방송에서 금잔화가 눈에 좋다고 방송마다 광고를 했다. 노화현상으로 눈이 점점 나빠지고 있어 금잔화 씨를 사려고 꽃씨 파는 곳을 알아보았으나 다른 꽃들은 있는데 금잔화만 없다. 언니가 무리지어 핀 양귀비꽃이 너무 예뻐서 시골 꽃밭에 심으라고 금잔화 씨하고 양귀비 씨를 보내주었다. 금잔화 꽃은 눈에 좋다니까 많이 피면 자기한테도 보내주면 고맙겠단다. 언니가 보내준 꽃씨라 잘 키워서 금잔화 꽃을 말려서 보내 주리라 마음먹고 밭을 만들고 거름까지 넣었다. 양귀비 씨는 너무 작아서 씨앗이라기보다 검은색 가루 같다. 봄에 씨를 뿌리고 물도 주고 매일 싹이 언제 올라오는지 살핀다. 양귀비 싹은 씨가 가루처럼 되어서 조금씩 뿌려도 싹들은 실처럼 가늘고 촘촘하다. 금잔화 씨는 간격을 있게 심어서 그런지 건강하게 파란 잎을 자랑한다. 금잔화라고 믿고 있어서 꽃이 필 때까지 금잔화가 아니라고 생각해 보지 않았다. 색은 주황색인데 잎은 국화 같다. 금잔화 잎이 코스모스 잎처럼 얇게 갈라져 있다는 것은 생각하고 나서야 금잔화가 아니라는 것을 알았다. 꽃은 예뻤지만 언니에게 드릴 수 없어서 좀 실망스럽다. 휴대폰으로 꽃을 찍어 보였더니 언니가 알아보고 태양국이라고 다른 나라 국화라는 것이다. 3월 말에 씨앗을 뿌렸던 양귀비는 5월에 꽃이 피었다. 양귀비 역시 색깔이 다양하다. 진한 자주색, 하얀색, 분홍색, 주황색 등 나는 휴대폰으로 사진을 찍어 예쁜 꽃 많이 감상하시라고 언니에게 보내드렸다. 그리고 시장에서 화분 속에서 활짝 웃고 있는 작약 두 포기를 샀다. 함박꽃이라고 불리는 작약은 꽃이 커서 눈에 잘 띈다. 꽃밭에 심었는데 작약 한 포기 옆에서 새순들이 열 개도 더 고개를 내민다. 한 무더기가 되었고 꽃들도 연속해서 피어났다. 처음에 분홍색 작약이었는데 무더기로 피는 꽃 속에서 흰색도 나오고 자주색도 나왔다. 검은콩처럼 생긴 꽃씨들도 하나만 심었을 뿐인데 수십 개나 되었다. 결국 꽃밭 한구석은 완전히 작약 밭이 되었다.

친구가 끈끈이대나물 꽃씨와 마가렛, 매발톱, 맨드라미꽃 씨를 보내왔다. 맨드라미와 마가렛은 알고 있었지만 다른 꽃은 잘 몰라서 일단 꽃밭에 뿌렸다. 어떤 꽃이던 꽃이 피면 꽃밭이 얼마나 아름다울까 생각하면서 가루 같은 씨들을 이곳저곳 빈 공간을 채웠다. 촘촘한 싹이 나오더니 꽃들이 서로 치여서 크는 것은 크고 작은 것은 아주 작았다. 그래서 일부는 뽑아버렸고 계속 해서 올라오는 싹들을 나중에는 호미로 파 버리기까지 했다. 작년에 잡풀만 나는 언덕에 남천을 50그루나 사다 심었다. 빨간 열매가 예쁘고 겨울에도 잎이 떨어지지 않아서 좋았다. 나무를 실고 온 사장님이 언덕에 심을 것이면 그냥 씨를 심어도 잘될 것 같다고 했다. 그래서 어떻게 심어야 되느냐고 물었더니 가을에 익은 열매를 따서 손에 비벼서 뿌리면 된다는 것이다. 처음부터 큰 나무를 샀기 때문에 가을에 열매가 열렸고 사장님이 시킨 대로 손에 비벼서 하나하나 심었다. 정말 다음 봄도 아니고 여름에 싹이 올라왔고 지금껏 잘 크고 있다.

식물들은 세계 어디든지 환경만 맞으면 살기 마련이다. 우리나라에 없었던 귀화식물이나 외래종 같은 식물들이 논밭은 점령해서 피해를 주고 있다는 보도를 본 적이 있다. 바람이나 흘러가는 강물이나 그리고 사람에 의해서 옮겨지거나 하는 식물들이 동물들처럼 여기저기 다닌다고 하면 아마도 전 세계에 없는 식물들이 없을 것이다. 산딸기나 버찌 그리고 오디 씨를 새들이 먹고 배설한 탓에 산속이나 들판에 벚나무나 산딸기 뽕나무들이 곳곳에 자란다.

팽나무나 깜죽나무도 씨앗이 떨어진 어느 곳이나 자라고 다람쥐가 식량으로 파묻어 놓은 도토리도 참나무들을 키워낸다. 식물은 그 자리에 있어도 동물들에 의해서 바람이나 강물처럼 자연에 의해서 세계 어느 곳에서도 자란다. 문익점은 원나라에서 고국으로 돌아오는 길에 목화밭을 보게 되고 붓통에 목화씨를 넣어서 우리나라에 목화를 널리 보급한 분이다. 목화는 솜으로 옷으로 다양하게 우리 인류에 많은 도움을 주고 있다.

지금도 사막에서 또는 열대지방에서 서식하는 식물들의 씨앗을 우리나라에서 재배하는 데 성공해서 우리는 지금 세계적인 식물과 채소를 먹고 있다. 꽃나무들은 가만히 그 자리에 있어도 씨로써 세계 곳곳에 자신의 영역을 넓히고 있다. 그래서 어디를 가도 씨앗만 있으면 살아 날수도 있고 우리가 먹는 곡식들도 씨앗이 많이 열려서 많은 생명들이 사는 것이다. 참으로 놀라운 것은 작은 씨앗 하나하나가 작은 나무 큰 나무가 되고 숲이 되고 풍경이 되고 아름다움이 되고 생명을 먹여 살리고 있으니 작은 씨앗이 얼마나 위대한 것인가 새삼 느껴본다.

부부의 인연

옷깃만 스쳐도 전생에 수백만의 인연으로 생겼다고 한다. 그런데 하물며 부부의 인연은 더 말할 것도 없다. 부부는 서로 많이 닮았다고 하는데 외모뿐 아니라 마음도 서로 닮아가는 것 같다. 내가 어릴 때 친구 부모를 보고 참으로 의아하게 생각한 적이 있었다. 친구 부모가 쌍둥이처럼 엄마 아빠가 똑같이 생겼기 때문이다. 아마도 내 눈에만 그렇게 보일 수 있다. 왜냐하면 얼마 전에 남편과 같이 가게에 들어 갔는데 가게 주인이 이렇게 똑같이 닮은 부부는 처음 본다는 것이다. 70평생을 살아도 이런 말을 하는 사람은 처음 봤다. 나는 남편과 닮았다는 생각을 전혀 해보지 않았는데 어째서 이 사람 눈에는 그렇게 닮아 보이는 것일까? 사실 부부 중에는 닮은 사람도 많다는 것이다. 내 생각에는 전생에 인연을 잘 찾게 하려고 어느 정도 닮은 사람으로 태어나지 않았나 하고 엉뚱한 생각을 하기도 한다. 자기 눈에 안경이라고 남들이 보기에는 전혀 어울리지 않을 것 같은데 부부로 살고 있고 남들이 다 싫어하는 사람도 그 사람 눈에는 천사로 보이는 것도 모두가 인연 때문이지 않을까 생각한다. 내 사촌 동생은 중매로 선을 아마도 서른 번은 보지 않았나 싶다. 돈은 있지만 아버지가 장애인이라 며느리의 협조 없이는 생활하기 힘들었기 때문에 시아버지를 모시고 살 여자를 구하다 보니 선을 많이 보게 된 것이다. 너무 선을 많이 보다 보니 누가 누군지 알 수가 없었는데 나중에는 자신이 거절했던 여자와 다시 선을 보게 되었고 결혼했다. 지금 잘살고 있지만 부부로 맺어질 인연이었나 보다. 어떤 여자는 남편이 일찍 죽었는데도 못 잊어서 집 마당에 묘를 써서 매일같이 살아있는 사람처럼 말을 걸고 음식도 같이 차려 먹고 그러면서 위안이 된다고 하고 수년 전에는 아내가 병으로 죽자 자식도 있는 남편이 아내가 보고 싶어서 혼자서 살수가 없다며 따라 죽은 사람도 있다. 또 방송으로 유명한 여자 강사였는데 근육위축성이라는 병을 앓고 있었다. 병원에 입원하고 있는데도 강의를 해달라는 요청이 계속 들어 올 정도로 인기가 많았다. 여자 강사는 견딜 수 없이 아파서 죽을 결심을 했다. 얼마 후 신문과 방송에서 여자 강사의 죽음이 발표되었는데 유서에서 남편이 나의 길동무가 되어주겠다고 해서 같이 떠난다고 했단다. 주위사람들 말로는 집에 가재도구들을 다 처분하고 두 사람이 집을 나와 여관에서 동반 자살을 했다는 것이다. 그때 나는 그 남편이 참으로 대단해 보였다. 요즘은 결혼하기 전에 혼수 문제로 파혼을 하고 아주 사소한 문제로 이혼도 하고 또 서로 미워하고 심지어는 해치기도 한다. 그래도 부부가 해로하면서 사랑하고 아껴주는 모습은 보기도 좋고 마음까지 따뜻하다.

나이가 팔십 살이 넘으신 할머니가 시집을 냈다.

팔십이 되도록 한글을 몰랐지만 경로당에서 한글을 가르쳐 주는 선생님이 오셔서 한글을 배웠다고 한다. 한글을 가르쳐 주시는 선생님은 할머니들에게 시와 그림을 가르쳤다. 할머니는 신혼 때 남편이 6 · 25전쟁 때 군인으로 나가서 결국은 상이군인으로 돌아와 얼마 살지 못하고 죽었는데 그때는 너무 가난해서 밥 한 그릇을 한 번도 먹어 보지 못했다고 한다. 그래서 할머니의 마음을 시에 표현했는데 내 소원은 우리 남편이 하루만 살아서 오시면 하얀 쌀밥에 쇠고기국과 산적과 부침개와 갈비도 하고 음식을 많이 차려서 남편이 맛있게 먹는 모습을 보는 것이 소원이라는 글이다. 얼마나 한이 되었으면 이런 시가 나왔을까? 그리고 이 시를 하루에 몇 번이나 읽고 또 읽을까? 할머니의 마음이 참으로 아름답다. 어떤 사람은 이혼을 해서 도리어 행복하다는 사람도 있고 어떤 사람은 다시 태어나도 이 사람하고 살겠다는 사람도 있다. 남편하고 산 지도 벌써 50년이 넘었다.

지금 뒤돌아보면 참으로 하찮은 일도 크게 생각해서 후회할 일도 있었다. 상대방을 생각안 하고 내 입장만 생각한 일도 많았었는데 지금은 내 입장보다 남편 입장을 먼저 헤아려 주는 배려가 생겼다는 것이다. 남편 역시 나를 아껴주고 또 당신 없이는 나는 하루도 못 산다는 말도 한다. 남편은 내가 보기에는 똑똑하고 현명한 사람이다. 장남으로 태어나서 많은 동생들을 다 챙겨 주었고 또 자식들에게도 따뜻한 아버지다. 내 생각으로는 남편과 나 둘 중에 남편이 이 사회나 집안을 위해서도 더 필요한 존재라는 생각이 들어 나보다 더 오래 살기를 빌었다. 남편이 건강이 좋지 않았을 때 만일에 죽게 된다면 남편 대신 내가 죽을 수 있다고 마음먹기도 했다. 지금은 남편건강이 좋아졌는데도 여전히 오래 살기를 원한다. 남편은 나보다 더 진취적이다. 무슨 일을 해도 나보다 더 열심이고 잘한다.

부부는 전생에 원수라고 하는 사람이 있다. 원수를 갚으려고 서로 미워하고 으르렁댄다고 하는 사람도 있고 또 은혜를 갚으려고 헌신하고 사랑한다는 사람도 있다. 이생에 태어남은 서로 전생에 꼬였던 매듭을 풀라고 다시 태어난 것이 아닐까? 풀지도 못하고 더 큰 매듭을 만들지는 않는지 모르겠다. 결혼 선언문에 검은 머리 파뿌리 되도록 서로 사랑하고 백년해로하라는 말이 있다. 어떤 여자가 결혼상대로 완벽한 남자를 찾고 있었다. 드디어 그런 남자를 만났다. 그 남자 역시 완벽한 여자를 찾고 있어 두 사람은 결혼을 이루지 못했다. 사람들은 자신의 부족함을 보지 못하고 상대방의 결점만 보고 있지 않은지 완벽한 사람은 이 세상에 없을 것 같다. 어느 한 구석이라도 사람이라면 부족한 면이 꼭 있기 마련이다. 서로

의 부족함을 보완해 주면서 살아가는 것이 부부라는 마음이다. 혼자인 사람들이 경제적으로 여유가 없어서 결혼을 하지 않는 사람도 있고 또 혼자가 편해서 결혼 안 하는 사람도 있다.

짚신도 짝이 있다는 말이 있듯이 좋은 배필을 만나 서로 의지하고 동무하면서 죽는 그날까지 하루하루 새로운 날을 맞으면서 열심히 살아갔으면 하는 바람이다.

몰래카메라

서울에 사는 자식들이 여행을 간다든지 또 손자를 잠깐 봐달라든지 여러 가지 이유로 시골집을 가끔 비울 때가 있다. 어떤 때는 두 달 정도 비웠지만 집에 돌아오면 아무 이상이 없었다. 그래서 자식들이 몰래카메라를 설치하라고 해도 그 말을 무시했었다. 대문 밖에 세워둔 자동차도 열쇠를 갖고 다니는 것이 귀찮다면서 차 속에 넣어놓고 있다. 그러다 보니 차문은 밤낮으로 열려 있는 셈이다.

방송에서 불법촬영을 해서 협박을 하는 경우도 있고 몰래카메라 때문에 평생을 불안과 두려움에 떠는 사람도 있고 집안이나 화장실이나 탈의실이나 심지어 목욕탕까지 몰래카메라가 우리를 불안하게 한다. 영화를 보면 넥타이핀 속에서도 안경 테에서도 초소형 몰래카메라로 기밀을 누설하고 있다. 요즘은 건물이나 거리 곳곳에 카메라가 있어 범인들을 쉽게 잡을 수 있고 또 우리가 안심하고 살 수 있는 것도 그 또한 카메라 덕분이다. 한길 물속은 알아도 한 치도 안 되는 사람 속은 모른다고 전혀 의심도 않았던 사람에게 몰래카메라로 당하는 경우가 종종 있다. 사회 고위층이나 노동자라도 사람의 마음은 헤아릴 수 없으니 호기심이든지 아니면 이용할 가치를 생각하든지 몰래 카메라는 불안과 동시에 안심이다.

남편은 고물상 아저씨를 주려고 폐지나 깡통 같은 고물들을 주차장 한쪽 구석에 모아둔다. 우리 집에 가끔 오는 아저씨에게 주려는 것인데 어느 날 차를 타고 돌아오니 모르는 아저씨가 대문 앞에 트럭을 세워놓고 모아둔 고물을 싣고 있었다. 놀랍기도 하지만 아저씨의 태도가 말이 막힌다. 태연하게 지나가다가 버리는 물건인 것 같아 차에 실었다는 것이다. 오히려 고맙게 생각하라는 말투다. 주인 허락도 없이 주인도 없는 사이 일을 벌여놓고도 전혀 거리낌이 없다. 싸울 수도 없어 그냥 가져가라고 했지만 마음은 편치 않았다. 그래서 몰래카메라를 달 생각을 하게 되었다. 자식들은 진작 달아야 했다고 지금이라도 달 생각했다고 대환영이다. 아들은 몰래카메라 한 대로 안심하게 산다며 사람들이 몰래카메라를 의식해 나쁜 마음을 먹지 않는다고 한다. 농촌에는 대부분 인터넷이 kt다. 그래서 kt에서 몰래카메라를 설치했다. 도로와 접한 집으로 들어오는 입구 전봇대에 설치하고 또 미술관 들어오는 입구에 설치했다. 그리고 대문 앞에 "기가아이"라고 몰래카메라가 있다고 붙여놓았다. 휴대폰으로 실시간으로 검색하고 또 지난 것을 설정해서 다시 볼 수도 있다. 딸은 인터넷과 몰래카메라비용을 자기가 내겠다고 해서 부담을 덜어 주었다. 바깥 영상을 집안에 앉아서 휴대폰으로 볼 수 있다는 것이 참 신기하기도 했다. 집 앞에 전봇대에서 200미터정도에서 차가 오거나 사람이 오면 카메라에 보였고 주위에 움직이는 것은 다 잡혔다. 어느 날은 카메라가 계속 울린다. 무슨 일인가 봤더니 카메라 앞에 흰 선이 왔다 갔다 바람에 흔들리면서 연속으로 찍혔다. 낮에 보면 아무것도 보이지 않는데 밤만 되면 왜 찍히는지 가로등 빛에 위에 전선줄 그림자가 찍혔나 생각했다. 그래서 담당에게 이야기를 했더니 카메라를 유심히 보더니 거미줄이라는 것이다. 낮에는 햇빛 때문에 안 보이다가 밤이 되면 가로등에 빛이 반사되면서 찍힌다는 것이다. 불빛을 보고 날벌레들이 모여 드니까 거미가 그걸 알아차리고 가로등 앞에 거미줄을 친다는 것이다. 담당은 막대기 걸레로 카메라 앞을 깨끗이 치워 주었다. 한동안은 깨끗함을 유지했으나 거미는 계속해서 치우면 또 집을 만들어서 계속 거미줄을 치워야 했다. 날씨가 영하로 내려가니까 거미는 더 줄을 치지 않는다. 이제는 거미 대신 비가 많이 오거나 눈이나 바람이 많이 부는 날 밤이 되면 휴대폰에 설치해 둔 몰래카메라에서 쉴 새 없이 알람이 울린다. 너무 예민해서 불빛만 번쩍 해도 찍히고 새끼고양이가 지나가거나 오토바이를 타고 순식간에 지나는 우편배달부도 내 휴대폰에서 확인된다. 배달부가 언제 왔다갔는지 알 수가 없는데 휴대폰으로 카메라를 확인하고 우편물과 택배도 가져오기도 하고 나무 때문에 집에서 보이지 않는 곳도 휴대폰에 설치된 몰래카메라로 바깥을 볼 수 있다.

마을에 도둑이 많다고 방송을 했다. 시골에는 농사짓는다고 낮에는 대부분 논이나 밭에 가서 일하기 때문에 집을 지키는 사람이 없고 옛날 집들이어서 대문 없는 집들이 많다. 대부분 젊은 사람들이 도시로 떠나고 늙고 힘없는 사람들이 일 년 농사로 벼나 콩이나 말린 고추 같은 농산물이다. 농산물을 팔아서 돈을 만들어서 살아간다. 그런 목숨 같은 농산물을 가지고 가는 양심 없는 도둑들이 많다고 방송까지 하는데 몰래카메라가 있는 집은 피해서 도둑질을 한다니까 카메라 덕을 톡톡히 보는 셈이다.

그리운 선생님

선생님을 처음 만났던 것은 서초문화회관에서 수필이라는 문학 강좌에 등록을 할 때였습니다. 그 당시에는 선생님이 얼마나 글을 잘 쓰는지 또 유명한 분인 줄 전혀 알지 못했습니다. 수강생들이 교과서에서 봤다고 하고 또 선생님의 수필 제목을 말하기도 했습니다. 나는 마음속에 문학에 대한 열정으로 가슴앓이를 했지만 수필 강좌에 등록하기는 처음이었습니다. 그때 나는 뇌경색을 앓고 계시는 친정어머니를 모시고 있었고 선생님께서는 아흔이 넘으신 어머니를 모신다고 했습니다. 몸이 불편한 어머니를 위해서 환자에게 필요한 생활용품을 알려주며 선생님의 우애 깊은 형제 이야기와 가정사를 주고받으며 선생님과 많이 가까워졌습니다. 집이 수유리라 방배동까지 전철로 타고 오시려면 시간도 많이 걸리고 힘이 들었을 터인데 문학수업을 한 번도 지각하지 않았습니다. 선생님의 어머니께서 돌아가셨을 때는 엄마 잃은 아이처럼 많이 힘들어 하셨습니다. 어머니에 대해서 쓰고 싶은 것이 너무 많지만 마음이 떨려서 한 줄도 쓸 수 없다고 하셨지요.

저는 선생님어머니께서는 청명한식 좋은날에 돌아가셔서 바로 천당으로 가셨으니 너무 마음 아파하시지 말라고 했습니다. 선생님의 작품에 감동받아서 선생님을 만나고 싶어 한 군인이야기도 해주시고 중학교 교장으로 재직하실 때 학생들과의 관계도 말씀해주시고 도봉수필을 십년 넘게 이끌어 오시며 제자들을 자식처럼 생각하신 분입니다.

수필과 시, 동화까지 영역을 넓히시고 한국문학상부터 여러 대상들을 다 받으셨을 정도로 문학계에서는 인정을 받으신 분입니다. 선생님의 작품을 보면 영혼의 맑음과 외로움이 보여서 읽고 있는 나도 마음이 저렸습니다. 못 쓰는 글이나마 하나하나 지적해주시고 제가 작품을 쓰서 메일로 보내면 선생님은 곧바로 답을 주셨습니다. 선생님의 지도 아래 제 글은 조금씩 나아졌습니다. 목 마른 사람이 물을 찾듯이 선생님 덕분에 마음속에 숨겨놓은 갈망을 조금씩 풀어낼 수 있었습니다.

내가 책을 낼 수 있었던 것도 선생님의 응원 덕분입니다. 그날 출판기념회에 참석해서 축사도 해주시고 문학계에 유명하신 분들까지 같이 참석해 주셔서 자리를 빛내주시는 제자사랑이 각별한 분이셨습니다. 그 뒤로 몸이 아프다는 소식을 들었습니다. 그래서 뵙고 싶다고 하니까 선생님께서 메일로 보내 왔지요. 선생님께서도 보고 싶다면서 암이 담낭에서 간으로 전이되어 수술도 받지 못하고 항암주사 외에는 방법이 없다고 하시며 상황이 좋아 면역체계가 좋아지면 만나자고 하셨어요.

얼마 지나서 만나고 싶다는 연락을 받고 같이 수업을 받았던 친구와 또 계간수필회원 몇 분과 같이 선생님집 근처 4 · 19묘역 앞 식당에서 만났습니다. 점심을 먹고 난 뒤 내가 4 · 19묘역은 처음이라고 하자 선생님은 몸이 아픈데도 불구하고 내 손을 꼭 잡으시고 묘역을 한 바퀴 거닐었습니다.

묘역은 신성하고 아늑하고 하늘도 맑아 청량해서 산책하기 좋은 곳이었습니다. 선생님은 매일 묘역을 한 바퀴 돌며 아침운동을 하신다고 했지요. "신자"라는 이름이 새겨진 비석 앞에서 설명을 해주셨어요. 서울대 미대 4학년인데 4 · 19가 일어나던 날 총에 맞아 피를 흘리고 있는데 병원으로 가지 않고 대학생들이 들것에 메고 구호를 외치며 군중 속으로 들어가는 것을 보셨다고 했습니다.

그리고 옆에 비석들의 사연도 들려주면서 봉분이 자꾸만 늘어난다고 하셨어요. 그렇게 말씀하시는 선생님께서는 이미 생사를 초월해 보였습니다. 그때의 선생님의 따뜻한 손과 다정한 모습을 잊을 수 없습니다. 사람은 자기에게 큰일이 생기면 내 운명이 죽을 팔자인가 궁금해 합니다. 사주가 운명을 다 말해주는 것은 아니지만 십 년마다 오는 대운大運이나 일 년마다 오는 세운歲運에서 자신에게 나쁜 운이 들어오면 나쁜 일이 생기고 좋은 운이 들어오면 좋은 일이 생기는 것을 경험을 통해서 알게 되었습니다. 선생님은 내가 역학하는 것을 알고 있어서인지 은근히 자신의 병이 나을 것인지 물어오셨습니다. 선생님의 사주를 알고 있는 나는 회복되기는 어려울 것을 알았지만 바르게 말씀 드리지 못하고 다시 건강해질 것이라 말씀 드렸더니 미옥 씨가 그러면 믿어야지 하셨어요. 어쩌면 오늘선생님 뵈옵는 것이 마지막이라는 생각이 들어 참으로 마음이 착잡했습니다. 내가 선생님을 위해서 할 수 있는 일은 몸에 좋다는 건강식품을 보내드리는 것뿐이었습니다. 그 후에 나는 고향으로 내려가 새집을 짓겠다고 말씀드리고 집이 완성되면 선생님을 첫 번째 귀빈으로 모시겠다고 말했습니다.

선생님은 아름다운 자연과 꿈의 동산을 이루면 꼭 가겠다고 하셨습니다. 그 뒤로 선생님께서는 허리가 아파서 의자에도 앉을 수 없다며 이제 메일도 힘들다고 하셨습니다.

따뜻한 봄날 그것도 5월8일 어버이날에 선생님은 어머니가 계시는 하늘나라로 가셨습니다. 올해도 꽃들은 눈부시도록 화려함을 뽐내며 봄을 맞이하고 있습니다. 저는 선생님이 이 세상에 계시지 않는다는 생각이 들지 않습니다. 미옥 씨! 하며 어디서 불러줄 것 같고 제 주위에서 환하게 웃으며 저를 응원하고 있는 것 같습니다. 길을 가다가 선생님을 닮은 사람들을 가끔 만나면 선생님이 생각납니다. 저는 마을에서 제일 높은 집이고 멀리 지리산도 보이며 상쾌한 공기, 울창한 숲, 넓은 들판 선생님이 좋아할 그런 집에서 살고 있습니다. 집을 지으면 제일 먼저 모시고 싶었던 선생님 아마도 저희 집에 벌써 다녀가셨으리라 믿습니다. 사랑하고 존경하는 변해명 선생님! 선생님은 저의 영원한 스승이십니다.

도토리묵과 밤

밤이나 도토리를 줍는 계절은 해마다 찾아온다. 추석 무렵 밤이 떨어져 있으면 도토리도 떨어져 있다. 다 가을열매고 또 다람쥐가 좋아하는 열매다. 나는 밤도 좋아하지만 도토리 줍기도 아주 열심이다. 도토리는 껍질을 까고 믹스에 갈아서 주머니에 넣고 치대서 건더기는 버리고 남은 물은 녹말과 분리해서 녹말을 햇볕에 잘 말려서 가루를 만든다. 가루한 컵에 물 여섯 컵으로 용량을 맞추고 끓여서 식용유를 약간 넣고 윤기가 나면 소금으로 간을 한다. 되직해질 때 그릇에 담아 식으면 묵이 되는 것이다. 시장에서 사 먹는 묵보다 내가 만든 묵이 색깔이 맑고 더 맛있는 것 같다. 다른 사람들이 묵을 만드는 것을 보았는데 도토리도 몇 가마니씩 방앗간에서 껍질째로 찧어서 물에 담가 건더기는 걸러내고 녹말가루를 완전 분리하지 않고 묵을 쑨다. 그러면 묵도 많이 나오고 색도 짙고 맛도 약간 씁쌀하다. 어느 스님이 다람쥐가 모아 놓은 도토리를 가지고 와서 묵을 쑤었다고 한다. 다음날 새벽에 스님이 밖에 나와 보았더니 스님의 신발이 갈기갈기 찢겨져 있고 다람쥐 한 마리가 신발 옆에서 죽어 있었다고 했다. 다람쥐가 겨울 양식을 다 뺏겨버려서 분풀이로 스님 신발을 물어뜯었다는 생각이 들어서 스님은 잘못을 뉘우치고 다람쥐의 천도재를 지내주고 극락왕생을 빌었다고 한다. 순간 다람쥐의 식량보다 묵 생각이 먼저 떠올랐을 것이다. 이곳에는 다람쥐들이 없고 어쩌다가 청솔모가 가끔 눈에 띄는 정도다. 아마도 고양이들이 많아서 그런가 보다. 혹시나 해서 다람쥐들의 먹이를 두자고 다 줍지 않고 밤과 도토리를 약간 남겨 둔다.

마트에서 도토리가루를 파는데 사서 하면 편리할 테지만 시골에 사는 재미라고 할까? 자연에서 나는 것을 이용해 보자는 것이다. 도토리묵을 만드는 데 성공하고 나니 앞으로 누가 와도 도토리묵을 만들어서 맛보이고 싶어서 도토리가루는 4컵씩 담아 냉동실에 넣어 두었다. 동생들도 오고 언니도 오고 또 친척들이 오면 나는 내가 만든 묵으로 솜씨를 부린다. 파는 묵보다 맛있다는 소리를 들으면 기분까지 좋아진다. 밤은 추석차례 상에 햇밤을 올릴 때도 있지만 어떤 해는 추석이 지나고 밤이 떨어지는 경우도 있어 나는 밤을 일 년 정도 냉장고에 보관한다. 여름제사가 있을 때 밤을 사려고 마트에 가면 밤을 까서 밀폐된 비닐에 넣어놓은 것은 비닐을 벗기면 밤이 상해서 냄새가 난경우가 많다. 그래서 보관해 두었던 밤은 새 밤처럼 싱싱하다. 추석 무렵에는 밤이 떨어져 있나 해서 밤나무 밑을 살펴도 보고 또 떨어질 밤이 얼마나 있는지 밤나무를 올려다보기까지 한다.

올해는 추석에 햇밤을 쓸 정도로 밤이 일찍 떨어졌다. 밤나무가 두 그루 있는데 한 나무는 일찍 밤이 떨어지는데 크기가 보통이다. 또 다른 한 나무는 보통크기의 작은 밤이 다 떨어지고 난 후에야 떨어지는데 밤알이 작은 밤의 3배정도다. 작은 밤은 보통 밤송이 한 개에 2개 내지 3개가 들어 있는 반면에 큰 밤나무에 밤송이에는 밤이 한 알이 대부분이고 어쩌다가 두 알이 있기도 한다. 작은 밤은 추석 때 그의 떨어져서 추석 쉬로 오는 친척이나 자식들이 밤을 주워간다. 내가 원하는 것도 왕밤이라서 작은 밤은 아낌없이 다 주어버린다. 옛날 어릴 때 가을 소풍갈 때 엄마가 밤을 삶아 주셨는데 그때는 밤 까먹는 재미가 있었고 또 맛도 있었다. 시골로 오고 나서 시아버님이 심었다던 밤나무에서 해마다 밤이 열렸고 내가 혼자 먹기에는 너무 많이 열려서 자식들이나 친척들이 밤이 떨어지는 시기에 오지 못할 때는 택배로 밤을 부쳐주기도 한다.

시골에 있어도 밤나무가 없는 집은 밤을 맛볼 수 없다. 그래서 이웃에게도 삶아서 주기도 하고 생밤으로도 인심을 쓴다. 오래된 밤나무는 새로운 가지를 만들어가면서 해마다 많은 밤을 선물한다. 밤을 주울 때는 기분이 좋다. 잘 닦은 구두코처럼 짙은 갈색으로 동글동글 떨어져 있는 것이 주울 때는 손에 가득 찬 느낌이 보물을 줍는 것 같다. 처음에는 10알 정도 떨어졌다가 다음날에는 20알 나중에는 300알 정도로 하루하루 밤이 많이 떨어진다. 비바람이 불고 나면 밤은 더 많이 떨어진다. 10월 말이 가까이 오면 밤도 점점 줄어든다. 작년에 써놓은 메모를 보니 10월 15일경 밤이 다 떨어진 것으로 나왔는데 오늘이 21일이니 밤도 이제는 없겠다는 아쉬움이 남는다. 매일같이 밤나무 밑을 오가며 밤알을 찾는다. 떨어진 밤알이 풀숲에 떨어지면 찾기도 어렵다. 넝쿨풀들이 엉켜있어 보통 눈에 불을 켜지 않으면 숨어있는 밤들을 찾아내기는 숨바꼭질 하는 것 같다. 너무 눈에 신경을 쓰니 눈이 다 아프다. 다 주었다고 생각하고 그냥 가려다가 미련이 남아서 다시 훑어보면 처음 주었던 것 보다 더 많이 발견할 때가 있다. 한 개라도 더 나오길 기대하며 몇 개인지 헤아려 본다. 어떤 날은 남편이 지나다가 밤을 모아 둘 때가 있다. 날다람쥐가 밤을 모아놨다고 하면 당신 즐겁게 해 주려고 그랬단다.

밤은 친지들과 가족들의 정을 만들고 사랑을 만들고 또 복을 듬뿍듬뿍 주는 것 같다.

태풍이 지나간 후

올해는 다른 해에 비해서 유난히 태풍이 잦다. 6월 장마가 시작되더니 두 달 가까이 비가 내렸다. 방송에서도 이렇게 긴 장마는 역사상 처음이라는 말을 한다. 기후변화에 온난화가 가속되고 북극에 이상기온으로 얼음이 녹아 장마와 태풍이 많아진다고 했다. 6월부터 9월까지 태풍이 7차례나 왔다는 것은 기상청 생긴 이래로 이외라고 한다.

이번 태풍은 비가 많고 바람은 아주 강하게 몰고 올 것이라고 벌써부터 강풍에 대비하라고 난리다. 창문도 흔들리지 않게 테이프를 바르고 과일나무도 지지대를 세우라고 하고 비닐하우스며 저지대 사는 사람들은 홍수가 나면 대피소로 피하라고까지 말했다. 예전에 서울에 살 때 태풍 곤파스의 위력을 잘 알고 있다. 짧은 시간에 한반도를 지나가면서 내가 매일 다니던 매봉산에 울창한 나무들이 대부분 쓰러져서 길이 없어졌다. 한 아름도 넘는 나무 들이 이리저리 멋대로 넘어져서 나무를 베는 아저씨의 전기 톱소리가 온 산을 울렸다. 수백 년 된 소나무가 쓰러지고 가로수가 뽑혀지고 건물에 유리창이나 교회 종탑과 지붕이 날려 가버렸다고 하고 또 사상자까지 속출했다고 하니 태풍을 두려워하는 것은 당연하다. 태풍도 바람보다 비가 더 많거나 비보다 바람이 더 강하거나 또는 둘 다 강하면 피해는 더 커진다.

이번에 올 마이삭이라는 태풍은 2003년도에 태풍 매미를 닮았다고 한다. 매미 때는 너무 강한 바람이어서 사람이 바람에 날라 갈 정도였다고 하니 태풍이 아무 피해를 주지 않고 빨리 지나갔으면 했다. 태풍이 오기 전에 바람부터 세차게 분다. 방송에서 태풍의 진로나 풍속을 계속 보여주면서 미리 대비하라고 했다. 아무리 대비를 한다고 해도 바람 앞에 등불처럼 감당이 될까? 제주도도 그렇고 남해안 전라도에서도 바닷물이 집안까지 들어와 온 살림가구들을 다 망쳐놓고 또 강물이 불어나 지붕만 들어난 집들이 누런 황토 물에 잠기고 온갖 가재도구들이 강물에 휩쓸려 간다. 장마에 태풍에 겹쳐서 흙들이 젖어있는데 또 비가 오니 산사태가 나고 집이 흙더미에 파묻히고 사람이 죽고 모든 것을 잃은 이재민들은 엎친 데 덮친 격이다. 저렇게 되면 어찌 살까? 생각을 해도 감당할 수가 없다. 우리 동네도 논에 벼들이 쓰러지고 비닐하우스는 비닐도 날아가 버리고 뼈대만 앙상하다. 비닐하우스 속에 있던 호박이나 딸기나 고추 같은 작물들도 전부 물에 잠겨서 다 버릴 수밖에 없다. 태풍은 매해마다 반갑지 않지만 그래도 오고 마는 손님이다. 가끔은 태풍으로 먼지를 없애서 공기도 정화시켜주고 쌓여 있던 쓰레기나 고여 있는 웅덩이에 뻘흙들을 쓸어가서 새롭고 깨끗하게 청소도 해주고 강이나 저수지에 녹조를 없애서 수질개선에 도움도 주고 바다도 거센 파도로 적조도 없애주는 고마운 존재다. 자연 앞에서는 우리는 바람이 불면 부는 대로 흔들릴 수밖에 없는 아주 힘없는 존재다.

작년에도 태풍으로 벼들이 쓰러졌다. 우리에게 쌀을 대주시던 분의 논에도 벼가 쓰러졌다. 기계로 할 수 없어 일일이 사람 손으로 벼를 일으켜 세워 묶어 주다보니 온 식구가 몸살을 했다고 한다. 정미소에서 돌을 골라도 쓰러진 벼에서는 돌이 나온다. 그래서 밥을 지을 때마다 돌을 골라내는 수고를 해야만 했다. 이렇게 비가 많이 오거나 태풍이 불거나 또 가물거나 하면 하늘만 바라보고 농사짓는 사람은 어찌 해 볼 수도 없다. 이틀 동안 많은 피해를 남기고 태풍은 가버렸다.

가을이 되자 또 태풍이 왔고 계곡 가득 물살이 소용돌이치며 급하게 흘러간다. 엊그제 베어놓은 아카시아 나무까지 닥치는 대로 쓸어 가버렸다. 약샘에 올라가 보니 배수로 입구에 흙더미가 수북하게 쌓여있는 위로 물이 빠르게 흘러간다. 큰 돌멩이들에 부딪혀서 작은 폭포를 보는 것 같다. 약샘 바닥에 떨어진 낙엽을 물바가지로 퍼서 씻어내었다. 비에 젖은 나뭇잎은 빗자루로는 쓸어 지지 않는다. 개울에 가득 피었던 물봉숭아며 넝쿨식물들과 물가에 잘 자라는 식물들이 한꺼번에 물살에 휩쓸려 가버렸다. 나무들도 쓰러지고 가지들이 부러져서 여기저기 흩어져 있다. 내가심은 토란과 결명자, 돼지감자는 바람에 쓰러져 땅에 누워 버렸다. 배추모종은 이번 태풍에 다 쓸려가 버려서 다시 모종을 사와야 했다. 태풍은 제주도나 전라도 충청도를 휩쓸었고 한해 농사를 다 망쳐버렸다. 북한은 너무 심해서 말을 할 수도 없다. 식량도 부족한데 태풍 때문에 농사를 완전히 망쳤어 참으로 안타깝다. 연속해서 태풍이 오고 9월 6일 더 강한 태풍이 또 온다고 하니 젖은 땅이 견딜 수 있는지 모르겠다. 벌써부터 고추 값이나 채소 과일 값이 금값이 되고 배추도 한 포기 2만 원을 넘는다고 하니 이렇게 비싼 적이 없다. 곧 추석이 올 것이고 고기보다 더 비싼 과일이나 채소로 서민들의 마음을 멍들게 한다.

노래는 영혼을 사로잡는다

우리나라 사람들은 노래를 좋아하는 것 같다. 노래 프로그램은 장수 프로그램이다. 대표적인 것이 〈전국 노래자랑〉이다.

이번에 C방송사에서 〈미스트롯〉 경연대회를 열어 많은 호응을 받았다. 시청률도 어떤 인기 있는 연속극보다 많이 나왔고 방송으로는 대히트다. 그러니까 타 방송사들도 덩달아 음악경연대회를 열고 상금과 상품을 걸었다. 〈미스트롯〉으로 성공을 하니까 C방송사에서 〈미스터 트롯〉을 뽑는다고 경연을 펼쳤다. 만 오천 명이라는 참가자들이 모였고 두 달도 넘게 경선을 해서 나중에는 일곱 명으로 선정되었다. 진행하면서 떨어진 후보들은 눈물을 흘리고 아쉬워했다. 방송사마다 노래경연이라 가수 지망생들이나 또 가수로 이름이 나지 않았거나 또 잊힌 가수들도 이 방송 저 방송 계속 포기하지 않고 경연에 참가했다. 상금도 걸려있고 상품도 많아 초등생

부터 20년 무명가수까지 노래를 한다는 사람은 모두 다 나온 것 같았다. 노래에 열정은 막을 수 없나 보다. 또 노래를 그만두지 못하는 이유도 다양하다. 대부분 부모님께 효도한다는 의미도 많았고 잘할 수 있는 것이 노래밖에 없다는 사람도 있고 노래를 잘한다는 소리를 듣고 싶어 마지막 용기를 내었다는 사람도 있다. 매번 노래 경선에 떨어져 부모님에게 실망을 안겨 주었고 어머님이 말기암 환자라고 이번 한 번만이라도 우승해서 기쁘게 해드리고 싶다고 눈물로 호소하는 사람들, 가슴 아픈 안타까운 사연들은 간절함과 절실함이 눈물겹다. 어떤 가수는 슬픈 노래를 부르다가 감정에 북받쳐서 눈물을 흘리면 심사위원 중에 한사람이 관중을 울게 해야 하는데 가수가 울어버리면 듣는 사람은 도리어 마음이 냉정해진다고 하고 처음부터 슬프게 불러 마음을 우울하게 하면 듣는 사람이 지친다고 하고 웃으며 부르는 가수는 사람을 기분 좋게 하는 힘이 있다고 하고 힘이 들어갈 때 힘이 들어가야 하고 힘을 뺄 때 약하게 해야 하는데 그렇지 못하다고 지적도 하고 심사위원들은 가수의 장점과 단점을 콕 집어서 평가를 한다. 참가자들은 짧은 시간에 더 많이 자신들이 가지고 있는 끼를 보여주려다가 도리어 감점을 당하는 경우가 허다했다. 지금 한창 유명세를 타고 있는 가수는 방송사마다 노래경연대회에 심사위원으로 등장한다. 자신이 초등학교도 제대로 나오지 못하고 무명생활을 20년을 하면서 오늘날 여기까지 오게 된 것은 끝까지 포기하지 않았기 때문이라고 하면서 후배들에게 덕담과 함께 용기를 준다. 내가 좋아하는 가수는 다섯 살 때부터 집에서 아이를 잃어버렸다고 찾아보면 소리 나는 곳에 있었다고 했다. 엿장수나 약장수나 굿하는 곳에 가면 찾을 수 있었다고 하니 음악에 천부적인 재능을 타고 났다. 일곱 살에는 작곡까지 해서 나중에는 자신이 만든 작사 작곡에 노래까지 불러 7080세대에 유행하는 히트 곡은 이 가수가 불렀던 노래가 많다. 내가 태어나기 전 더 오래전부터 노래는 있었다. 노래를 한 번도 들어본 적이 없었던 옛날 사람들도 자신의 신세한탄을 흥얼거리고 서로 소리로 신호하고 그러면서 오늘날 민요가 되고 타령이 되지 않았을까? 추측해본다. 이번 방송사마다 노래 경연대회를 보면서 수많은 가수들이 노래를 너무 잘한다. 눈을 감고 가만히 듣고 있으면 내가 바닷가에 파도 소리를 듣고 있고 나무 아래서 바람에 팔랑이는 잎과 새소리를 듣고 자연 속에 앉아 있는 착각이 들 정도다. 중학교 때 영화음악에 내 마음을 맡긴 적이 있었다. 그 때는 축음기로 레코드판을 틀 때였다. 가만히 그 자리에 앉아 〈영광의 탈출〉을 열 번 넘게 듣고 또 들었다. 가수의 묵직한 저음이 가슴 가득 채워져서 짜릿한 행복감을 놓치고 싶지 않았다. 그리고 한참을 지나서 이태리 성악가 파바로티의 〈카루소〉를 듣고 있으면 가슴이 떨리고 심장이 딸려 올라가는 절실함과 간절함이 깊은 호소력으로 내 영혼에 스며든다. 아무리 훌륭한 악기가 있다고 해도 세상에서 가장 아름다운 소리를 내는 것은 역시 사람이 목소리다. 음악은 사람의 마음을 기쁘게도 하고 눈물 나게도 만들고 들뜨고 흥분하게도 만들고 괴롭고 슬프고 죽게도 만든다. 우수나 격렬함, 열정, 분노 모든 감정을 넣어서 만들 수 있는 것도 음악이다. 종교시설이나 군대도 사람 마음을 동요시키게 만드는 것도 노래가 제일이다.

《삼국지》에 보면 적군에게 그 나라에 고향노래를 들려주어서 향수에 젖게 만들어 군에 사기를 떨어지게 해서 승리했다고도 하고 영화에도 배경음악이 없으면 영화가 살아나지 못한다. 긴박감이 살아나게 쿵쿵 울리는 빠른 음악이나 조용한 자연풍경을 보면서 나오는 부드럽고 감미롭고 달콤한 음악이면 작품이 더 살아난다. 노래는 한숨과 하품도 노래가 되고 웃음과 비명도 아름다운 시도 모두 노래가 된다. 소리가 되는 것은 모두 음악이 되니 마음을 다해서 부르는 노래를 듣고 있으면 나는 없어지고 노래 속의 세상으로 내 마음이 들어간다. 저렇게 훌륭한 작곡을 한 사람은 어떤 사람일까? 우리들의 영혼을 사로잡는 작곡가들은 영원불멸의 곡을 만들어 사람들에게 마음의 위로를 안겨주었다. 사람이 낼 수 있는 소리가 아닌 천상에 목소리를 들려주며 축복과 위안을 주는 신神일 수밖에 없는 것 같다. 훌륭하고 존경스럽다. 요즘같이 코로나 때문에 행사도 없는데 가수들이 너무 많아서 경제적으로 어려움이 있을 것 같아 걱정된다.

우리나라 방탄소년단은 세계정상에 우뚝 서고 한류로 국가의 위상을 높이고 또 젊고 잘 생기고 노래와 춤까지 최고다. 사람의 감정은 전 세계가 비슷한가보다. 사랑이 담긴 로맨틱한 음악과 시원하고 경쾌한 음악 등 음률에 따라 사람들이 느끼는 감정이 거의 같다. 어린 친구들에게 장래희망을 물으면 가수라고 말하면서 나도 방탄소년단처럼 되겠다고 하는데 가수라는 직업이 얼마나 어렵고 노력하지 않으면 될 수 없는 힘든 직업인 줄 모른다. 남편은 자신이 죽을 때 평소 좋아하던 가곡을 틀어달라고 한다. 노래를 듣고 있으면 참으로 행복하다고 했는데 요즘은 방송마다 트로트를 하니까 노래 배운다고 가사를 적어 여기저기 눈에 잘 띄는 곳에 붙여놓고 열심이다. 세대에 따라 유행가도 달라지지만 방송에서 같은 노래를 여러 가수들이 부르고 자꾸 듣다 보니 내가 몰랐던 노래들을 알게 되고 좋아하게 되었다. 노래 경연대회 덕분에 마음 깊은 곳에서 커다란 울림으로 천상에 노래들은 내 영혼을 사로잡아 마음 편안한 자연 속으로 들어가서 안식과 위안을 받게 만든다. 힘들고 마음 아픈 사람들에게 많은 위안이 되었으면 좋겠다.

아버지의 염원

평소 때도 꼭 해놓고 가야 먼저 가신 분들에게 면목이 선다고 시아버님은 말씀해 오셨다. 그것은 조선시대부터 내려오는 진주군晋州君과 고성군固城君 오읍곡梧邑谷 사이에 사평보沙坪洑를 가지고 250년여 시비是非가 일어 이기고 지기를 번복하다가 시아버지가 주도主導하고 마을사람들과 그리고 작은아버지까지 반평생을 바쳐서 1953년 12월 12일 대구고등법원에서 승소하여 재판에 종지부를 찍었다. 그리고 이를 문화재보호법이 정하는 대로 동산문화재動產文化財로 경상남도에 등록까지 하였으나 이를 기리는 사평보수호비를 건립하지 못한 것이고 또 하나는 할머니가 발견한 약샘 가는 길이 험난險難하여 비만 오면 물길을 건너야 해서 편안히 갈 수 있는 길을 만드는 것이 아버님의 원願이었다. 둘 다 돈이 드는 일이라 형편이 어려워서 그 당시는 힘든 일이었다. 옛날에는 농사가 먹고 사는 길이고 하늘만 바라보고 농사를 짓는데 가물 때는 물이 없으면 농사를 망치는 것이다. 다행히 마을 위쪽에 사평보가 있는데 사시사철 물이 넘쳤다. 그 물을 차지하기 위해서 인근 여러 마을 남자 전부가 다 나섰다는 것이다. 서로 멱살을 잡고 때리고 피투성이가 되고 또 감옥에 갇히고 심지어는 맞아서 돌아가신 분들도 계셨다. 그 당시 서울서 직장생활을 하고 계신 작은아버지도 생업을 포기하고 아버지를 도와서 승소를 할 수 있게 만들었다. 여러 사람들의 노력과 투쟁 끝에 사평보沙坪洑 관리를 할 수 있게 되었고 참여했던 사람들의 업적을 저버리지 않고 길이 새겨서 비를 세워 남기고자 했던 것이다. 작은아버지는 내 반평생이 사평보 찾는 데 다 들어갔다고 말했을 정도다. 비문은 함양군수를 지낸 도암渡岩 엄형휴 선생이 많은 고증을 받아 쓴 것을 그대로 하고 비석碑石은 시아버님이 면장하실 때 꼭 세우려 하였으나 비碑도 세우지 못하고 병환으로 일찍 세상을 떠나셨다. 남편은 시아버님이 못다 한 비를 세우려고 시아버님이 준비했던 비에 관한 내용을 정리했다. 비문은 엄형휴 선생님이 쓴 그대로 하고 또 아버님이 써놓은 시가 있었다. "유구悠久한 역사歷史를 자랑하는 오서리사평보吾西里沙坪洑는 몽리삼천여두락농토蒙利三千餘斗落農土의 생명수生命水를 낳아주는 보고寶庫다. 단기 4287년 근찬 최연섭" 얼마나 간절했으면 이런 시까지 지어놓았나 생각이 들었다. 비석을 맞추고 장소는 마을 입구에 남편명의로 된 소정기라는 터에 세우려고 포클레인을 불러 땅을 파고 콘크리트를 부어서 땅이 꺼지는 일이 없도록 준비했다. 아버님이 보관해 놓은 문서 속에 1953년에 초가지붕이었던 옛날 집에 사평보승소기념이라고 적어놓고 마을사람들이 모여 기념촬영을 한 사진이 있었는데 남편은 그 사진을 인쇄소에 가서 큰 천으로 플래카드로 만들어왔다. 비석은 높이120cm 넓이150cm 받침대2m 자좌子坐 오향午向으로 세웠다. 아버님의 시도 작은 비석으로 만들어 앞에 놓았다. 비석에는 보를 위해 애썼던 마을사람 150명 이름이 올려져 있다. 이름이라도 남아 후손들이 기억했으면 한다. 돌아가신 분들이 대부분이었지만 여기에 살고 있는 사람들은 아들이나 손자들이 살고 있다. 마을 사람들의 형편도 알고 또 오래전 일이라 자손들이 이곳에 살고 있지 않은 사람도 많아 남편은 비석을 세우는 데 비용을 혼자 하다 보니 돈이 부족했다. 그런데 남편이 전에 일해 주었던 곳에서 돈을 보내왔는데 비석 값과 맞먹는 돈이다. 아버님이 아들이 대신 자신의 염원을 풀어주니까 도와주시는 것 같았다. 음식을 차려놓고 1953년 초가집마당에서 승소기념사진도 플래카드로 걸어놓고 기념수건과 떡도 돌리며 비제막식을 거창하게 했다. 사람들이 오고가며 플래카드 속 얼굴들을 살펴본다. 옛날 동네 사람들이 다 있더라고 하고 누구 아버지도 있고 이름도 새겨져 있다고 하면서 한바탕 동네가 떠들썩했다. 면장님이 동네에 얼굴이라면서 쓰레기 투기금지라는 경고문도 비석 옆으로 붙여주셨다.

마을 입구에 아버님이 염원하던 사평보비가 거룩하게 서있다. 남편은 비석 앞을 지날 때마다 "잘 다녀오겠습니다." 인사하고 또 내려서 낙엽을 쓸기도 한다. 비석 바닥도 풀이 난다고 블록을 걷어내고 콘크리트로 마감을 해놓았더니 풀도 나지 않았고 낙엽도 쌓이지 않게 바람이 날려버린다. 걷어낸 블록은 집으로 가지고 와서 주차장바닥재로 활용했다. 그리고 군에서 동네에서 사용하는 약샘 올라가는 길이 해마다 장마로 길이 없어지고 산이 무너진다고 길을 만들어 주겠다고 했다. 길을 내려면 밭은 사용해야 돼서 남편은 우리 밭을 제공했다. 아버지가 원했지만 하지 못했던 두 가지 일들은 아버지의 뜻에 따라 남편이 다 이룩하게 되었다. 아버님은 기품 있게 서있는 사평보비석과 약샘까지 시멘트포장으로 멋있게 난 길을 천국에서 보고 계실까? 소원을 풀었다고 좋아하실까? 영원한 것이 없다고 하지만 우리가 죽고 나서도 사평보 비석은 남아서 동네를 지켜줄 것이고 편안한 길을 걸으며 약샘에 가서 시원한 물 한잔 마시며 즐거운 하루 보내기를 기도해 본다.

건강한 꽃으로 피어나라

인도에 사는 20대 청년이 부모를 상대로 소송을 내었다고 한다. 이유는 자기를 낳았으면 끝까지 책임을 지고 먹여 살리라고 했다는 것이다. 결과는 어떻게 나왔는지 모르지만 해외토픽에 나온 이야기다. 세계적인 프랑스 작가 베르나드 베르베르의 작품 〈타나토노트〉를 보았는데 전생에 자신의 업보에 점수대로 이생生에 태어난다는 것이다. 부잣집 자식으로 아니면 가난하고 또 홀 부모거나 여러 행태로 태어나고 또 자신의 성향과 비슷한 부모를 선택해서 태어난다는 것이다. 그러니까 부모가 선택한 것이 아니라 본인이 선택해서 이 세상에 태어나고 살아간다는 것이다. 어떤 사람은 자식을 자신의 소유물로 생각하는 사람들이 있다. 자식을 두고 죽으면 자식이 남에게 수모를 당하고 살아가기 힘들 것이라 생각하고 동반 자살하는 경우도 있고 또 자신의 화풀이 상대로 대하는 경우도 있다. 또 어떤 사람들은 지금은 자식들이 건강하게 잘살고 있는데도 예전에 가난했을 때 제대로 먹이지를 못했다고 지난날을 생각하며 눈물짓는 사람들을 종종 본다. 살기 위해서 부모는 돈을 벌어야하고 어쩔 수 없이 자식은 방치되는 경우도 있고 경제적으로 힘들고 자신이 불행하면 다른 사람의 웃는 모습도 짜증나고 보기 싫어지는 것도 어쩔 수 없다. 그래서 가끔 어린이집에서 유치원교사가 어린이를 학대하는 것도 그런 마음 때문이지 않을까? 자기 마음을 다스리지 못하고 사랑으로 대하지 못한다면 교사라는 직업은 맞지 않다는 생각이다. 발달장애아동이나 자폐아처럼 평생을 부모의 보살핌 없이는 살아가지 못하는 자식들을 가진 부모들이 자신의 아이들이 교육을 받을 수 있는 특수학교건립을 해달라고 반대하는 마을주민 앞에 무릎을 꿇은 것을 보았다. 누구나 누릴 수 있는 그러한 혜택도 냉정한 사회에 벽을 넘을 수가 없었다. 한 가지 소원은 자식이 혼자남아 남에게 천대받을까 걱정되어 자식보다 하루만 더 사는 것이라 한다.

어떤 엄마가 아들을 일류대학에 보내려고 지극정성을 다했다. 도시락도 갓 지은 밥으로 학교에 가지고 가고 아들이 밤에 공부할 때는 먼저 자지 않고 하나부터 열까지 세심하게 배려를 했다. 그런데 아들이 원하는 대학에 떨어지자 엄마는 너무 속상해서 자살을 해버렸다는 방송보도가 있었다. 아들을 통해서 대리만족을 하려고 했을까? 아들은 평생 어머니를 죽게 만들었다는 죄책감으로

이 세상을 살아갈 수 있을까? 공부가 아니더라도 행복하게 살아갈 수 있는 방법은 찾아 보면 많은 것 같다. 꼭 학교공부가 아니더라도 세상에 직업도 다양하듯이 잘할 수 있는 것을 하면서 행복하게 사는 사람도 많다. 학교성적으로 비관해서 자살하는 학생들이 생기자 "행복은 성적순이 아니잖아요." 하는 유행어가 있었고 보물처럼 생각하는 자식의 말을 존중해서 학교공부를 포기하고 기술 쪽으로 가는 사람도 있다.

불교에서 전생前生에서 잘했던 것은 지금 생生에서 연장선으로 잘한다고 한다. 그래서 그 분야에 신동이 생기나 보다. 티베트에 고승 달라이라마 14세는 선대달라이라마가 죽으면 윤회에 의거해서 의식이 다른 아이에 몸으로 환생한다고 믿어 유품을 기억한다든지 하는 적법한 절차를 통해서 환생했다고 판단되면 후대 달라이라마로 추대된다고 한다. 로마교황은 천주교에서 황제 같은 분이고 달라이라마는 불교에서 황제 같은 분이다. 두 분 다 세계적으로 많은 존경받는다. 전생의 기억을 하고 태어나는 사람도 있기는 하다.

브라질에서 있었던 이야기인데 할아버지가 죽고 일 년 뒤에 태어난 손자가 4살 때 할아버지가 사용했던 물건들을 자기 것이라고 챙겼다는 것이다. 얼굴도 할아버지를 닮았고 누가 일러주지도 않았는데 할아버지만 아는 그런 장소와 물건들도 찾아내어서 할아버지가 환생했다고 믿었다고 했다. 많은 아이들이 가정폭력으로 또는 경제적으로 보호를 받지 못하고 갈 길을 잃었다. 자식은 소유물이 아니라 한 인격체이고 앞으로 얼마나 크게 발전하고 인류를 위해서 이바지할지 아무도 모른다. 다행히 많은 사람들이 아이들을 내 자식처럼 생각하고 국민 청원도 하고 불의를 보면 분노하고 있다. 정의가 바로 서고 국가에서도 보살핌의 손길을 내밀고 있으니 불행한 일들이 점점 줄어들 것이라 믿는다. 어린 청소년들이 건전한 상식에서 건강하게 꽃피기를 소망해 본다.

억새꽃

하얀 옷을 즐겨 입으시고 검은머리 한 올 없는 백발의 우리 할머니 가을 들판에 무리지어 피어있는 억새꽃 같다. 할머니는 가난한 집안에 시집가서 아픈 시부모님과 환자였던 시동생 수발까지 도맡으셨단다. 아이를 낳아도 산후조리는커녕 하혈을 하면서도 간난아기를 업고 마을을 돌며 장사를 하셨다고 한다.

자식은 아들 둘 딸 셋이었는데 전쟁 통에 두 아들을 모두 잃었다. 아버지가 돌아가셨을 때는 아버지 시신을 부둥켜안고 따라 죽으려고 물 한 모금 먹지 않고 버티다가 홀로된 며느리와 손자들이 불쌍해서 죽는 것을 포기하셨다고 했다. 한동안 마음을 잡지 못한 할머니는 절을 찾아다니기도 했다.

내가 고등학교 다닐 때 할머니가 다녔다던 지리산 대원사와 내원사까지 가 보았고 덕분에 지리산 천왕봉까지 가볼 수 있었다. 내

원사 주지스님이 할머니를 어머니라 부르는 것도 기억이 난다. 그 당시 할머니나이가 칠십이 넘었다. 그때만 해도 칠십만 넘어도 나이가 많다고 했지만 지금은 백이세 시다. 죽음 앞에는 순서가 없듯이 가까이 지내던 친척이나 친구들도 떠나가고 우리들이 가면 잘 알아 보지도 못한다. 백 살까지도 눈이 밝아 바늘귀를 꿸 정도였고 콩나물도 다듬었다. 진주에서 백 살이 넘었다고 장수하신다고 시장도 선물을 가지고 찾아오고 했었는데 이제는 옛날 친정으로 돌아가겠다고 짐을 싸는 경우가 있다고 한다. 실제로 치매 걸린 노인들이 집을 나가서 집으로 돌아오지 못하고 실종되거나 죽기도 해서 고통 받는 가족들이 수백만 명이나 된다고 하니 걱정이다. 결혼과 출산이 줄어들고 노인 인구는 점점 늘어난다고 하니 앞으로 치매나 건강으로 고통 받는 사람도 늘어날 것이다. 과학이 발달하므로 수명은 더 늘어나고 늙고 병들면 누군가의 보살핌이 있어야 하고 보살피는 쪽에서는 피곤하고 괴로운 일이다. 적당하게 살다가 떠나면 문제가 없겠지만 너무 오래 살아서 자식들 고생시킬까 봐 걱정된다. 요즘은 의료보험이 있어 조금만 아파도 병원을 간다. 검진을 통해서 조기에 병을 발견하고 치료하고 또 몸에 좋다는 식품들을 찾아서 먹고 운동도 하고 더 건강할 수 있게 연구도 하고 건강하게 오래 살다가 가면 서로가 좋은 일이다.

강원도 어느 산골에 치매에다 중풍까지 있는 시어머니를 이불을 덮어 질식사 시킨 일이 있었다. 병든 시어머니를 13년이나 모신 며느리였다. 가난한 살림에 방 한 칸에서 온 식구가 살고 또 농사일도 해야 했던 며느리는 마을에서도 효부라고 칭찬이 자자했던 사람이었는데 참으로 가슴 아픈 일이다. 나는 할머니가 더 오래 살까봐 걱정이 되었다. 옆에서 시중드는 사람도 힘들고 또 정신도 또렷하지 않아서도 염려가 된다. 내 기도는 오래 살게 해주십사가 아니고 좋은날에 잠자듯이 떠나게 해주세요였다. 그러던 중에 할머니가 정말 잠자듯이 돌아가셨다는 연락을 받았다. 할머니 연세 102세 진주에 도착하니 밤이었고 유등축제로 강 위에 띄워 놓은 오색찬란한 불빛이 너무 화려해서 눈이 부시다. 마치 할머니의 긴 여정을 끝내고 하늘나라로 떠나는 것을 축복하는 것 같다. 문상객들은 호상이라며 고생 안 하시고 돌아가셨다고 했지만 어머니는 긴 세월 동안 인연 깊은 사연을 안고 서럽게 우셨다. 화장장에서 할머니 사진과 제수를 올려놓고 간단한 의식을 하려고 준비를 하는데 할머니 옆에서 잘생긴 젊은 스님이 할머니와 나란히 상을 준비한다. 할머니는 백 살이 넘으셨고 젊은 스님은 이십대였다. 저렇게 젊은 나이에 참으로 아깝다. 저승길에는 나이와 상관없다는 말이 실감난다. 스님의 어머니는 오열하다 기절까지 했다. 나무하다 사고로 목숨을 잃었다는 것을 보니 아마도 절에 초년생으로 행자정도였는지 모른다. 절에서 나온 스님들이 화장을 끝날 때까지 염불을 염송했다. 불심이 깊으셨던 할머니와 젊은 스님이 저승길에 길동무가 되는 것 같아 위안이 되었다. 화장이 다 끝나고 할머니 뼈는 젊은 사람과 달리 깨끗이 타버려서 작고 하얀 뼈들이 약간 남아 있었다. 네모진 나무상자에 한지를 깔고 모래를 담아 두고 발부터 차례로 머리뼈는 맨 위로 오게 담고 뚜껑을 닫았다. 오빠가 유골함을 가슴에 안고 할아버지가 계시는 망경산으로 올랐다. 문상객들이 오빠를 뒤따랐다. 할머니는 오랫동안 기다렸을 할아버지 곁에 나란히 묻히셨다. 산소 주위에 억새꽃들이 무리지어 가을바람에 너울거린다. 할머니가 은발머리를 나풀거리며 자유롭게 훨훨 하늘나라로 날아오르는 것 같다. "부디 극락왕생하소서!" 나는 두 손을 모으고 하늘을 올려다보았다. 파란 하늘에 흰 구름들이 그림을 그리면서 흘러간다.

기도

새해 1월 1일이면 사람들은 정월초하룻날 새해맞이로 일출을 보기 위해 많은 사람들이 몰린다. 하루 전날 미리 숙소를 잡고 다음날 새벽부터 떠오르는 해를 보기 위해 자리를 잡는다. 나는 아직까지 일출을 보기 위해 일부러 새벽에 일어나본 적이 없다.

해는 아침에 뜨고 저녁이면 지는 것이다. 새해라고 더 예쁘게 떠오르는 것이 아니라면 태양을 중심으로 도는 지구가 계절에 따라 달라지겠지만 그날 그 시각에 왔을 때 바다나 산 위에서 매일 떠오르는 해를 보면서 마음가짐을 새롭게 다지는 것이 났다고 생각하기 때문이다. 올해는 우리도 우리 집 뒷산 정상에 올라 새해 해맞이를 하고 싶다는 남편의 말에 그렇게 하기로 했다. 새해 첫날에 떠오르는 해를 보는 것도 한 해를 새롭게 다짐하는 계기가 되리라 생각해서다. 평소 때 가보지 않아서 우리 집 뒷산에 일출은 어떤

지 한번 보고 싶었다. 2019년 1월 1일 영하 7도 해 뜨는 시각이 아침 7시 32분이라고 해서 6시 50분에 옷을 따뜻하게 입고 마스크에다 보안경, 장갑, 톱과 나무가위를 챙기고 어둠이 가시지 않은 산길을 지팡이를 짚고 올라갔다. 사람들이 다니지 않아 가시넝쿨이 이리저리 엉켜서 가위로 자르고 아까시 산딸기, 찔레나무, 엄나무 같은 나무들은 톱이나 낫으로 베어내고 길을 만들었다. 산 정상에 올라서 제일 큰 소나무 앞에서 해가 뜨는 앞산을 바라보았다. 이곳은 산속이라 바다와 달리 해가 늦게 뜬다. 앞산 정상에 붉은 빛이 가득하다. 7시 59분에 폭탄이 터져 불꽃이 퍼지는 강렬한 빛 때문에 솟아오르는 해를 바로 볼 수가 없다. 산 위로 둥근 해가 아니라 이글거리는 붉은 빗살이 사방으로 펴져나간다. 매일 낮은 곳에서 떠오르는 해를 보았지만 이렇게 산꼭대기에서 솟아오르는 해를 보는 것은 처음이다. 올해 우리 자식들 건강하고 바라는 소원들이 다 이루어지기를 빌었다. 기도를 안 하고 사는 사람은 없는 것 같다. 옛날부터 어머니들이 장독대나 부엌에 정화수를 떠놓고 가족과 자식들의 안녕을 비는 모습을 가끔 본다. 모든 종교에서도 기도가 첫 번째다. 종교 때문에 전쟁도 하고 살인도 하고 서로 미워하면서 목숨까지 마다하지 않는다. 사실 모든 종교의 교리는 착하게 살고 남을 도우고 바르게 살라는 것이지만 종교가 다르면 내 편이 아니라고 아예 적대시 하는 경우가 많다 예전에 시어머님께서 남편을 위해서 기도하는 모습을 보고 어머니께 더 애틋한 마음이 생겼었다.

부모들은 자식 잘되라고 기도하고 혹시 잘못될까 걱정하고 마음 조리면서 염려한다. 우리들 부모님들도 한결같이 자식 걱정이었을 것이고 그런 기도 덕분에 오늘날 이만큼 살고 있지 않는가? 우리의 존재는 항상 불안정하고 사라지기 때문에 전지전능하신 하느님이나 부처님이나 우주 만물에 또는 보이지 않는 신께 기도한다. 기도를 하고 나면 보험을 들어 놓은 것처럼 안심되고 편안하다. 처음에는 자식들이 원하는 대학에 합격하라고 기도했다. 물론 기도해서 다 합격하면 무슨 걱정이 있겠느냐만 그렇지 않으니까 영험이 있다는 기도처에서 기도하면 더 효과가 있을 것이라 여기고 수많은 부모들이 추운 겨울에 밤새 기도를 한다. 나는 기도의 힘을 믿는 사람이다. 유명한 절에서 관세음보살님께 촛불을 켜놓고 기도한 적이 있었다. 아이는 대학시험을 보고 있는데 근처 절에서 나는 열심히 아이의 합격을 위해 간절한 마음으로 기도했다. 낮이라 스님이 중간에 촛불을 끄기 위해서 옛날 대감들이 담배를 피우는 긴 장죽 같은 모양의 도구를 가지고 내가 켜둔 촛불 위에 덮는다. 도구를 들어보면 촛불은 꺼지지 않고 되살아나기를 세 번이나 계속되었다. 스님은 촛불 끄기를 포기하고 가버렸고 나는 아이가 시험이 끝날 때까지 절을 하면서 기도를 했었다. 기도가 끝났을 때는 다리 전체가 나무토막같이 딱딱해졌고 손가락만 스쳐도 아팠다. 아이는 합격을 해서 내 원을 풀어 주었다. 내 기도는 주로 우리 집 조상님께 기도한다. 자손들을 가장 잘 돌봐주시고 걱정하고 계실 것이라 믿고 기도하면 이루어 주실 것이라는 믿음도 강하다. 기도 덕분에 여지껏 살아오면서 어려운 일들이 잘 해결되었다. 전북 진안에 마이산을 가 본 적이 있었는데 돌로 쌓은 탑들이 아주 정교하게 만들어져 있었다. 내 키보다 훨씬 높은 것부터 차례로 수많은 돌로 쌓은 탑들이다. 1800년대 이갑룡처사가 만들었다고 적혀 있지만 인간의 집념과 노력이 감탄할 정도로 대단하다. 기도하는 마음이 없었다면 이런 불후에 명작을 만들지 못했을 것이라 생각이 든다.

울산에 문수암이라는 절이 있는데 어느 날 어떤 우락부락한 젊은 남자가 찾아왔다고 한다. 자신의 어머니 천도재를 지내고 싶고 또 제수를 자신이 직접 차려 드리고 싶다고 했단다. 돈만 주면 절에서 보살님들이 정성껏 다해서 차려 줄 텐데 그러시냐고 했더니 철수라는 그 남자는 자초지종 이야기를 했다는 것이다. 예전에 자신이 철이 없었을 때 아버지도 일찍 돌아가시고 어머니와 둘이 살았는데 집이 너무 가난해서 어머니는 이것저것 안 해본 장사가 없었다고 한다. 나중에는 시장 통에서 나물을 팔아 생계를 이었다고 했다. 가난이 싫어서 학교도 가지 않고 깡패들하고 어울려 다니며 못된 짓을 하다가 형무소에서 10년을 살다 나왔다고 한다. 나와 보니까 어머니는 이미 돌아가셨고 이 세상에 반기는 사람 하나 없고 전과자라 직업도 구할 수 없어 죽어 버릴 결심을 하고 어머니의 유품을 정리했다고 한다. 유품 속에서 수첩이 나왔는데 일요일마다 문수암이라는 절에 가서 인등값을 내었다고 표식이 되어 있었단다.

하루도 놀지 않고 일요일 하루 시간을 내서 절에 간 것이 궁금해서 마지막으로 알아보기 위해서 절을 찾아 갔다고 한다. 옛날에는 도로에 포장이 잘 되어 있지 않아 산 위에 있는 문수암을 올라가는데 밤중이 되었다고 했다. 불은 다 꺼져서 깜깜한데 법당 문을 찾아서 열고 안으로 들어갔는데 한쪽 구석에서 빛이 환하게 비추어서 뭔지 몰라 빛이 나는 곳으로 가서 보았더니 그곳에 김철수라는 자신의 이름이 적혀 있었다고 했다. 이 남자는 자신의 이름을 보고 인등을 안고 대성통곡을 했다는 것이다.

못난 자식을 위해서 하루 날을 잡아 절에 가서 자기를 위해 기도를 했을 어머니를 생각하니 이대로 죽을 수 없다는 결심이 들었다고 했다. 자신이 뭘 잘 할 수 있는지 생각해 보니 어릴 때 어머니와 같이 떡볶이를 팔았던 것이 떠올라서 깡패시절에 놀았던 동네를 찾아가 포장마차에 떡볶이와 오뎅을 팔았다고 했다. 자신들 후배들이 찾아와서 팔아주고 돌아가신 어머니가 도와주셔서 의외로 장사가 잘되어 집도 샀다고 했다. 그래서 어머니를 위해서 제물을 내 손으로 차려서 천도재를 지내 드리고 싶었다고 했단다. 어머니의 기도가 죽으려고 했던 아들도 살 수 있게 만들었던 것이 어머니의 힘이다.

기도는 상대방의 마음을 풀어주고 열게 하는 힘이 있다. 나는 매일 조상님 앞에서 기도를 한다. 우리 가족과 주위에 친지들까지 소원성취하라고 불경을 외우며 기도를 한다. 문득 우리 어머니도 자식들을 위해서 이렇게 밤낮으로 기도를 하셨다고 생각하니 지금 내가 잘살고 있는 것이 모두 어머니의 기도 덕분이라는 것을 새삼 느낀다. 그런 어머니를 생각하니 나도 모르게 눈물이 났다. 하늘나라에서는 평안하고 행복하시기를 빌어본다.

김미옥 수필집

자연 속에 아주 작은 나

인쇄 2021년 4월 27일
발행 2021년 4월 30일

지은이 김미옥
발행인 서정환
펴낸곳 수필과비평사
주소 전북 전주시 완산구 공북1길 16(태평동 251-30)
전화 (063) 275-4000 · 0484
팩스 (063) 274-3131
이메일 sina321@hanmail.net essay321@hanmail.net
출판등록 제300-2013-10호
인쇄 · 제본 신아출판사

ISBN 979-11-5933-333-0 03810
값 15,000원

Printed in KOREA